Le Livre D'or De La Noblesse Rurale Canadienne-française

Comité des anciennes familles, Québec

LE LIVRE D'OR

DE LA

NOBLESSE RURALE

CANADIENNE-FRANÇAISE

Publié par le Comité des Anciennes Familles

QUÉBEC

LE LIVRE D'OR

DE LA

NOBLESSE RURALE

CANADIENNE-FRANÇAISE

Publié par le Comité des Anciennes Familles

QUÉBEC

1909

ABBÉ AMEDEE GOSSELIN

EUG. ROUILLARD

AUGUSTIN BOURBEAU

LT. COL. DE VALOIS DE VALOIS VILLE

ABBÉ J.B. COUILLARD DUPUIS

ABBÉ DAVID GOSSELIN PRÉSIDENT

H.J.J.B. CHOUINARD

MEMBRES DU COMITÉ
DES ANCIENNES FAMILLES

L.W. SICOTTE

ABBÉ V.A. HUARD

EDMOND VALIN
SECRÉTAIRE

PIERRE-GEORGES ROY

Comité des Anciennes Familles

M. l'abbé D GOSSELIN, curé de Charlesbourg, *président.*

M. EDMOND VALIN, cultivateur, Saint-Augustin (Portneuf), *secrétaire-trésorier.*

M. l'abbé V.-A. HUARD, directeur de la *Semaine religieuse de Québec.*

M l'abbé AMÉDÉE GOSSELIN, professeur d'Histoire du Canada à l'Université Laval, Québec.

M. l'abbé J.-B. COUILLARD-DUPUIS, curé de Notre-Dame-de-la-Garde, Québec.

M. H.-J.-J.-B. CHOUINARD, greffier de la cité de Québec.

M. AUGUSTE BOURBEAU, cultivateur, Cap - Rouge (Québec)

M. EUGÈNE ROUILLARD, du ministère des Terres et Forêts, Québec.

M. P.-GEO ROY, directeur du *Bulletin des Recherches historiques*, Lévis.

M. L.-N. SICOTTE, greffier de la Cour d'Appel, Montréal.

M. le Dr VALOIS, archiviste, Montréal.

Ad perpetuam rei memoriam

L'œuvre du Comité des Anciennes Familles

QU'ON y ait assisté ou non, tout le monde sait combien ont été brillantes et grandioses les fêtes par lesquelles, en l'été de 1908, on a célébré le 300e anniversaire de la fondation de Québec. Le voyage spécial du Prince de Galles, représentant du Roi ; le concours du gouverneur général du Canada, des autorités fédérales, provinciales et municipales ; la présence de grands personnages venus d'Angleterre et des colonies britanniques ; le gracieux envoi de missions officielles par les gouvernements de France et des États-Unis ; les solennelles démonstrations civiles, militaires, navales, patriotiques, voire académiques : a-t-il donc manqué quelque chose, de tout ce qui pouvait donner un incomparable éclat aux fêtes que l'on avait préparées, pour honorer la mémoire de Champlain et des autres illustres fondateurs de l'œuvre française et catholique qui s'est développée, depuis trois siècles et avec encore les meilleures espérances d'avenir, dans cette riche et pittoresque vallée du Saint-Laurent !

Au milieu de tout ce bruit et de tout cet éclat, il s'est trouvé pourtant qu'un modeste article du programme exceptionnellement solennel des fêtes du Tricentenaire, article même qui vint se greffer sur lui par une initiative presque privée, il s'est trouvé que cet article a été celui qui a été le plus au cœur de notre population canadienne-française, celui qui a davantage intéressé les esprits sérieux et qui se souviennent. Les riches décorations, les beaux défilés, les cuirassés formidables, les canonnades, les fanfares, les feux d'artifice : tout cela sans doute excitait l'admiration. Mais, dans ces brillantes journées du Tricentenaire, l'émotion n'a eu sa part que dans la démonstration des jeunes gens auprès de la statue du fondateur de la Nouvelle-France et dans les merveilleuses représentations historiques des Plaines d'Abraham. Et encore, pourrait-on dire, il fallait, pour en recevoir toutes les douces impressions, être présent à ces spectacles touchants. Au contraire, c'est la nation tout entière qui a senti s'agiter tout ce qu'elle avait de fibres au cœur, dès qu'elle a vu qu'on s'occupait d'exécuter ce modeste article du programme auquel nous venons de faire allusion et qui avait pour objet, on l'a deviné sans peine, de rendre un honneur pour ainsi dire national à nos plus anciennes familles rurales, à celles qui occupent encore, après plus de deux cents ans, le patrimoine que défrichèrent et qu'éta-

blirent leurs ancêtres au cours du premier siècle de
notre existence comme peuple distinct.

Assurément, deux siècles, trois siècles, c'est peu
de chose aux yeux des vieilles nations d'Europe et
d'Asie, dont l'existence remonte même parfois à
des milliers d'années. Mais ici-bas, la plupart du
temps, c'est au point de vue relatif qu'il faut et
que l'on doit envisager les choses. Et dans notre
jeune Amérique, une institution deux fois, trois
fois séculaire, a déjà un caractère reconnu d'antiquité.

D'autre part, en Amérique et à notre époque,
surtout dans les plus récentes décades d'années, où
les conditions économiques ont subi de si rapides
transformations, par l'influence des plus étonnantes
découvertes de la science et de leurs applications
immédiates aux arts de l'industrie, il est sans doute
étonnant qu'il puisse se trouver encore un nombre
notable de familles qui, après deux siècles, occupent toujours le même lot de terre que les ancêtres
avaient conquis sur la forêt. Et de fait, les membres du « Comité des Anciennes Familles » comp-
taient n'avoir à enregistrer qu'une centaine au
plus de ces possesseurs du domaine ancestral ; et
ils caressèrent un moment l'espoir d'avoir facilement les ressources nécessaires pour offrir une riche
médaille d'or à chacune de ces familles historiques.
Eh bien, au lieu d'une centaine de candidats à la

décoration commémorative, il s'en est présenté deux
cent soixante-treize, qui ont pu établir leurs droits
à l'honneur projeté.—La terre canadienne-française
a donc des attraits puissants, malgré son rude cli-
mat, malgré ses six mois de glace et de neige, puis-
qu'elle a su retenir fixées sur son sein, deux siècles
et plus, jusqu'à deux cent soixante-treize familles !
La race canadienne-française, qui peut montrer tant
de ses familles invinciblement fidèles à la culture du
sol ancestral, est donc vraiment une race agricole et
qui manquerait à sa vocation si elle allait dans son
ensemble se détourner de ses champs féconds, après
avoir si longtemps, c'est le cas de le dire, mis la
main à la charrue !

*\
* *

Il convient, pour en conserver la mémoire dans
nos annales, de tracer ici un bref exposé de tout ce
qui s'est fait pour mener, jusqu'à la complète exécution, l'intéressant projet d'honorer, comme par un
acte national de reconnaissance, celles de nos
anciennes familles qui ont fait preuve d'un attachement signalé à la vieille terre ancestrale.

Ce fut un cultivateur, M. Edmond Valin, de
Saint-Augustin, comté de Portneuf, et lui-même
possesseur des champs défrichés par ses ancêtres,
qui eut le premier la pensée de cette glorification
des familles encore fidèles au souvenir des anciens.
Le premier, aussi, il exposa cette idée au public,

dans une correspondance publiée par l'*Événement*, de Québec, le 25 mars 1907. Pour appuyer ce projet, il citait une page de *Notre-Dame de Sainte-Foy*, par l'abbé H.-A. Scott, où l'on reconnaîtra facilement que se trouvait en germe l'idée même dont il s'agit : « Etre fils de ces généreux colons, écrivait M. Scott, qui ont ouvert le pays au prix de leurs sueurs et souvent de leur sang, c'est un grand honneur, une sorte de noblesse... Transmettre à sa famille la maison paternelle, la terre reçue des ancêtres, devrait être un sentiment aussi fort, aussi étroitement attaché au cœur, aussi sacré que les liens du sang ». En tout cas, M. Valin proposait expressément que chaque famille fixée depuis deux siècles ou plus sur une propriété rurale reçût un diplôme d'honneur, de cachet artistique, et où serait donnée sa généalogie complète depuis son premier ancêtre venu de France.

Cet appel de M. Valin s'adressait principalement au comité québecquois des fêtes du Tricentenaire. Mais la proposition, d'allure un peu vague, ne paraît pas avoir causé beaucoup d'émoi parmi les membres de ce comité, à qui l'on soumettait tous les jours de nouveaux articles à ajouter au programme des fêtes, et qui trouvait déjà sa tâche assez considérable, pour ne pas s'empresser à l'augmenter encore en adoptant toutes les propositions dont les journaux se faisaient alors l'écho, bien que plusieurs d'entre elles fussent au moins intéressantes.

À la fin, le promoteur de l'idée, voyant que les mois s'écoulaient et qu'il ne se faisait rien pour lui donner effet, se décida à passer lui-même du souhait à l'action, et il invita un certain nombre de personnes de Québec et des environs à se réunir pour discuter le projet et entreprendre peut-être de le réaliser. Les personnes ainsi convoquées se rencontrèrent vers la fin de février à l'hôtel de ville de Québec, et se constituèrent en comité spécial, dit DES ANCIENNES FAMILLES. Voici la liste des membres de ce comité :

M. l'abbé D. Gosselin, curé de Charlesbourg, *président.*

M. Edm. Valin, cultivateur, de Saint-Augustin (Portneuf), *secrétaire-trésorier.*

M. l'abbé V.-A. Huard, directeur de la *Semaine religieuse de Québec.*

M. l'abbé Am. Gosselin, professeur d'Histoire du Canada à l'Université Laval.

M. l'abbé J.-B. Couillard-Dupuis, curé de Notre-Dame-de-la-Garde, Québec.

M. H.-J.-J.-B. Chouinard, greffier de la cité de Québec.

M. Auguste Bourbeau, cultivateur, Cap-Rouge (Québec).

M. Eug. Rouillard, du ministère des Terres et Forêts, Québec.

M. P.-Geo. Roy, directeur du *Bulletin des Recherches historiques*, Lévis.

Un peu plus tard, MM. L.-N. Sicotte et le Dr Valois, de Montréal, furent adjoints au Comité comme représentants de la région de Montréal.

Dès cette première réunion, le Comité décida, en principe, qu'une *médaille commémorative* et un *diplôme d'honneur* seraient donnés au représentant de toute famille de la province de Québec qui pourrait fournir la preuve qu'elle occupait encore, et depuis au moins deux cents ans, le patrimoine ancestral. Il a été résolu, plus tard, de remplacer le diplôme par une brochure contenant les pièces relatives à l'exécution du projet en question, et qui serait distribuée à toutes les familles intéressées.

Comme, d'autre part, le Comité ne pouvait compter que sur le comité d'action des fêtes du Tricentenaire pour se procurer les sommes d'argent qui lui étaient nécessaires pour remplir son objet, l'un de ses premiers actes fut de déléguer quelques-uns de ses membres auprès du maire de Québec, sir J.-Geo. Garneau, président de ce comité d'action, pour le prier de vouloir bien lui obtenir ces ressources nécessaires.

De fait, le jour même qu'il avait reçu cette délégation, c'est-à-dire le 24 février 1908, M. Garneau soumettait la question au comité exécutif des Fêtes, qui approuva hautement l'idée d'honorer les familles en possession, depuis au moins la fin de l'année 1708, du bien ancestral, et accorda une première subvention pour les dépenses préliminaires. Grâce à des additions successives, octroyées par le comité d'action, le Comité des Anciennes Familles s'est trouvé, à la fin, en possession d'une somme totale de $1400.00, qui lui a suffi pour mener son dessein jusqu'à exécution complète.

Ces ressources pécuniaires ne pouvant donc nous venir que du comité exécutif des Fêtes, et sir J.-Geo. Garneau ayant bien voulu se charger de faire valoir devant ce comité toutes les demandes du Comité des Anciennes Familles, il nous est agréable de reconnaître hautement que cet honorable citoyen a tenu un rôle essentiel dans l'exécution du projet, et de rendre hommage à la parfaite obligeance et au sincère patriotisme dont il a fait preuve dans toutes les relations que nous avons eues avec lui dans l'intérêt de notre œuvre.

Cependant, en l'espace de quelques jours, les journaux portèrent dans tous les coins du pays la nouvelle du mouvement qui s'était organisé pour la glorification des familles canadiennes-françaises qui avaient conservé fidèlement, à travers les vicissitudes politiques, économiques et autres, le patrimoine ancestral. Tous les fils du Canada français, on peut le dire, accueillirent avec une sympathie visible le seul énoncé du projet ; et l'âme canadienne-française vibra de l'une de ses plus douces émotions, à la pensée de l'honneur public que l'on se proposait de rendre à ceux qui peuvent être regardés, à plus juste titre, comme les véritables fondateurs de notre jeune peuple. C'est grâce à la presse que ce résultat magnifique fut si rapidement obtenu. Ce nous est donc un devoir, d'une facile exécution, de remercier tous les journaux du pays du concours généreux et persévérant qu'ils ont donné à l'œuvre du Comité des Anciennes Familles.

*
* *

L'un des premiers soins du Comité, en même temps que l'on faisait appel par les journaux aux représentants actuels des familles intéressées, ce fut d'envoyer, aux curés des régions les plus anciennement établies de la Province, une circulaire où ils étaient priés de vouloir bien avertir ceux de leurs paroissiens qu'ils penseraient être du nombre de ces représentants, et de les aider à faire les recherches nécessaires pour établir leurs titres à la décoration projetée. Nous avons beaucoup de satisfaction à signaler ici, et avec reconnaissance, le zèle et le dévouement dont MM. les curés ont fait preuve pour aider de la sorte leurs paroissiens à fournir les preuves documentaires et autres qui pouvaient appuyer leur candidature.

Comme on pensait d'abord qu'il serait possible de faire, pendant la semaine même de la célébration du Tricentenaire, la remise solennelle des décorations aux personnes qui auraient droit à cet honneur, on fixa le 15 mai (1908) comme la date extrême où les candidats à cet honneur devaient faire la preuve de l'occupation ininterrrompue durant deux siècles, par leur famille, de leur patrimoine ancestral. Un sous-comité, composé de M. l'abbé A. Gosselin et de MM. P.-G. Roy et E. Valin, était chargé de discuter chacun des cas particuliers, d'étudier les documents, et de se prononcer enfin sur le droit des candidats.

Déjà, le Comité avait adopté un modèle de croix d'honneur, établi et dessiné par M. Eugène Taché, sous-ministre des Terres et Forêts de la province de Québec. M. Taché est bien connu parmi nous comme un artiste d'un goût très sûr, très raffiné, très délicat, aussi bien dans la conception que dans l'exécution des belles œuvres ; et la croix des Anciennes Familles (dont on trouvera plus loin la fidèle reproduction) a été regardée par tous comme très artistique. Ç'a été vraiment une bonne fortune pour le Comité de pouvoir, grâce à l'obligeance et au talent de M. Taché, présenter aux Anciennes Familles un bijou d'une telle perfection de dessin.

Il restait à faire exécuter la Croix elle-même. Il avait été décidé que le métal employé serait l'argent doré, avec nuances émaillées, et que la médaille serait renfermée dans un écrin de fabrication soignée.

Grâce aux relations qu'avait M. Rouillard, l'un de nos collègues, avec le Lt H. Lanrezac, de la Société de Géographie de Paris, celui-ci voulut bien s'occuper de faire exécuter l'ouvrage à Paris même. Ce fut M. Abel Lafleur, graveur parisien d'un talent remarquable, qui exécuta notre Croix d'honneur. Quant au ruban, de couleur rose et portant deux raies dorées, il a été l'objet d'une fabrication spéciale à la célèbre manufacture française de Saint-Étienne. Croix, ruban, écrin, tout fut apporté à Québec par le Lt de Lanrezac, qui traversa l'océan sur le *Gambetta*, avec la mission envoyée aux fêtes de Québec par le gouvernement de la France.

Avec grande raison, le Comité avait résolu de donner beaucoup de solennité à la fête déjà nommée des « Anciennes Familles », et où l'on remettrait, aux représentants actuels des possesseurs biséculaires du domaine ancestral, la Croix d'honneur commémorative. Il convenait, en effet, qu'un événement si nouveau, et d'un cachet si canadien-français, eût un caractère national et patriotique qui sortît un peu de l'ordinaire.

Le Comité avait donc pensé, nous l'avons dit, que cette fête pourrait devenir l'un des articles du programme de la grande semaine du Tricentenaire. Mais il ne tarda pas à reconnaître que, dans ce

programme déjà trop chargé, notre solennité patriotique n'aurait qu'un éclat fort effacé, et qu'au
milieu de ces fanfares et de ces canonnades elle
ne soulèverait aucunement l'intérêt qu'elle devait
avoir.

Il fut donc résolu de retarder de quelques semaines la date de la solennité, et elle fut fixée au
23 du mois de septembre. A ce moment, le brou-
haha des grandes fêtes de juillet se serait éteint ; et
cependant les beaux souvenirs de la glorification
des héros de la Nouvelle-France flotteraient encore
assez dans l'air et dans les mémoires, pour consti-
tuer une atmosphère favorable à l'hommage public
que l'on voulait rendre à ce qu'on a appelé si jus-
tement notre noblesse rurale. Cette célébration
serait, et elle a été vraiment, la brillante clôture
des fêtes du Tricentenaire de la fondation de
Québec.

L'Université Laval, dont le concours est d'avance
assuré à tout ce qui intéresse la religion et le patriotisme, voulut bien accorder l'usage de sa grande
salle des Promotions au Comité des Anciennes Familles, pour y tenir cette mémorable soirée du 23
septembre 1908.

Ce qu'a été cette fête des Anciennes Familles,
cela ressort assez des comptes rendus que nous en
insérons plus loin dans cette plaquette, ainsi que
des remarquables discours qui y furent prononcés,

et que nous reproduisons aussi. Nous dirons seulement que cette réunion ne ressembla à aucune des assemblées auxquelles l'on assiste de fois à autre. L'émotion naissait toute seule à voir, aux places d'honneur, ces représentants des plus anciennes de nos familles rurales ; à voir les autorités civiles et religieuses, S. Exc. le lieutenant-gouverneur, le premier ministre de la Province, Mᵍʳ l'auxiliaire de Québec [1], les plus hauts magistrats, se faire une joie d'attacher la Croix d'honneur sur la poitrine des nobles descendants des premiers colons de la vallée du Saint-Laurent.

Après la date du 15 mai, fixée pour la présentation des candidatures à la décoration des Anciennes Familles, plusieurs personnes firent encore valoir leurs droits à cet honneur et en fournirent la preuve. Elles n'avaient pu réunir plus tôt les documents qui démontraient l'occupation ininterrompue par leur famille, durant deux siècles ou plus, du patrimoine ancestral. Et de jour en jour de nouvelles candidatures se présentaient, soit qu'on n'eût entendu parler que tardivement du projet qui était

---

[1] Mᵍʳ l'archevêque, retenu en dehors de Québec par une cérémonie religieuse, n'a pu assister à cette fête. Mais nous pouvons témoigner du très vif regret qu'il a éprouvé de ne pouvoir être présent à la solennité.

en voie de réalisation, soit que l'on ait mis du temps à se convaincre que l'on pourrait établir ses titres à l'honneur proposé.

Il ne pouvait être question d'ignorer ces réclamations de familles honorables, et de leur refuser la distinction honorifique à laquelle leur donnait droit, tout autant qu'à celles dont le nom avait été proclamé en la séance du 23 septembre, leur fidélité persévérante à la terre ancestrale.

Il fut donc résolu de donner satisfaction à des demandes si justifiées. L'obligeance de sir J.-G. Garneau fut encore une fois mise à l'épreuve, et son intervention amena le comité exécutif des fêtes du Tricentenaire à voter une subvention supplémentaire, en faveur de l'œuvre des Anciennes Familles et pour la mettre en mesure de compléter sa patriotique mission.

La presse, d'autre part, se prêta volontiers à publier un nouvel appel du Comité, qui invitait de pressante façon toutes les familles qui croyaient avoir des titres à la Croix d'honneur à présenter leurs réclamations et les preuves qui pouvaient les appuyer. Le 1er décembre 1908 fut indiqué comme date ultime pour la présentation de ces nouvelles et dernières candidatures, dont le nombre s'éleva à 46. En ajoutant ce nombre à celui des 227 décorés de la séance du 23 septembre précédent, on constate que dans la province de Québec, en l'année

1908, deux cent soixante-treize familles ont pu faire la preuve qu'elles occupaient encore le patrimoine qui fut octroyé, il y a deux siècles et plus, à leur ancêtre venu du pays de France.

Le Comité envoya aussitôt à Paris une nouvelle commande de Croix d'honneur, suffisante non seulement pour satisfaire aux réclamations qu'il avait acceptées, mais aussi pour être en mesure d'offrir de ces médailles commémoratives aux musées de numismatique de quelques-unes de nos grandes institutions de la Province. Cette seconde et dernière distribution de Croix d'honneur s'est faite, naturellement, de façon privée, durant le cours de ce printemps.

C'est bien ici le moment de mentionner que le ministère des Douanes du Canada a bienveillamment autorisé l'entrée en franchise des médailles et rubans, fabriqués en France sur la commande du Comité des Anciennes Familles. Cette remise de droits de douane, qui se seraient élevés à une somme assez considérable, équivalait à une subvention d'argent en faveur de l'œuvre du Comité ; et par là le gouvernement fédéral s'est pratiquement associé à la réalisation de cette œuvre, et mérite de ce chef la reconnaissance de nos compatriotes. Il nous est tout à fait agréable d'ajouter que cette gratitude doit aller aussi à sir L. Jetté, alors lieutenant-gouverneur de la Province, et à l'honorable R. Lemieux, ministre des Postes du Canada, par l'obligeante intervention desquels nous avons obtenu la faveur que nous venons de signaler.

*
* *

Comme nous l'avons dit plus haut, il avait d'abord été question de joindre à la Croix d'honneur un diplôme commémoratif : précieux objets qui tous deux se seraient conservés dans les familles, qui les auraient reçus, comme un témoignage national d'admiration pour la fidélité qu'elles ont montrée au souvenir des ancêtres.

Mais, à la fin, comme nous l'avons indiqué aussi, le Comité a cru devoir remplacer le diplôme honorifique par une brochure commémorative, qui serait également conservée dans toutes les familles intéressées, comme un mémorial de la glorification dont elles ont été l'objet à l'occasion des fêtes du troisième centenaire de la fondation de Québec.

Cette publication commémorative, c'est la présente brochure. Outre l'historique, que l'on vient de lire, de l'œuvre accomplie par le Comité des Anciennes Familles, elle contient la liste et la généalogie, en terre canadienne, de toutes les familles qui ont pu fournir la preuve qu'elles occupent encore, depuis deux siècles et plus, le domaine possédé avant 1709 par leurs ancêtres venus du pays de France. A ces documents, dont l'importance est grande au point de vue national, nous ajoutons le compte rendu de la patriotique et inoubliable soirée du 23 septembre 1908, et quelques autres documents relatifs à l'œuvre du Comité et qu'il importe de sauver de l'oubli.

*
* *

Et maintenant, avec la publication de cette plaquette, l'œuvre du Comité des Anciennes Familles est accomplie, et se termine la mission qu'il avait accepté de remplir.

Mais le Comité ne se dissout point...

Longtemps, nous l'espérons fermement, on constatera, *la huitième année de chacun des siècles futurs*, qu'il se trouve encore des familles canadiennes-françaises occupant toujours le domaine colonisé par leur ancêtre du premier siècle de notre existence nationale. Et alors, tandis que le cher et vieux Québec s'apprêtera à célébrer dignement le nouveau siècle qui se sera ajouté à son existence,— alors, quelques citoyens, ecclésiastiques et laïques, se lèveront à l'appel du patriotisme, et ressusciteront le Comité des Anciennes Familles, dont la vie sera restée latente même sous la cendre des sépulcres... Tout ce qui s'est fait depuis un an, pour la glorification de l'agriculteur canadien-français, on le refera. Encore, le peuple canadien-français sentira vibrer son cœur du souffle patriotique, à l'appel du Comité ; encore, la presse canadienne-française transmettra jusqu'aux hameaux les plus reculés l'annonce de la glorification nouvelle ; encore, des listes de noms honorables se dresseront ; encore, et surtout, en présence de l'élite de la société, les chefs civils et religieux de la nation distribueront des insignes de précieuse distinction aux représentants des familles qui, à travers les années innombrables et malgré les transformations sociales, économiques —et peut-être politiques—, tiendront toujours par leurs racines vieillies, vivantes toutefois, à l'antique sol défriché par leur premier ancêtre canadien-français.

V.-A. HUARD, p^{tre}.

SÉANCE PUBLIQUE

DONNÉE À

L'UNIVERSITÉ LAVAL

à l'occasion de la remise des
médailles commémoratives aux

Anciennes Familles canadiennes-françaises

qui occupent la terre ancestrale depuis deux siècles

QUÉBEC, 23 SEPTEMBRE 1908

Transmettre à sa famille la maison paternelle, la terre reçue des ancêtres, devrait
être un sentiment aussi fort, aussi étroitement attaché au cœur, aussi sacré que les
liens du sang.

L'abbé H.-A. SCOTT.

PROGRAMME

OUVERTURE.—Fanfare de la Garde indépendante Champlain.

DISCOURS.—Par M. l'abbé D. Gosselin, président du Comité des
Anciennes Familles.

DISTRIBUTION DES MÉDAILLES.—Lecture du Palmarès.

CHANT.—*Les Soirées de Québec*, Ernest Gagnon.

DISCOURS.—Par S. G. Mgr P.-E. Roy, évêque auxiliaire de Québec.

DISTRIBUTION DES MÉDAILLES

CHANT.—*Chants Canadiens*, Ernest Gagnon.

DISCOURS.—Par M. le lieutenant H. Lanrezac, représentant de la
Société de Géographie de Paris.

TENDRE SOUVENIR.—*Valse*—Par la Fanfare de la Garde indépendante Champlain.

DISTRIBUTION DES MÉDAILLES

CHANT.—*France ! France !...* Ambroise Thomas.

CHANT.—*O Canada !*

FANFARE

La fête du 23 septembre 1908

I

Compte rendu de " L'Action sociale "

L A séance publique, à l'occasion de la remise des médailles commémoratives aux anciennes familles canadiennes-françaises qui occupent la terre ancestrale depuis deux siècles, a eu lieu, hier soir, dans la salle des Promotions de l'Université Laval.

Cette cérémonie grandiose et solennelle était présidée par M. l'abbé D. Gosselin, curé de Charlesbourg, président du Comité des Anciennes Familles. A ses côtés se trouvaient Son Honneur le lieutenant-gouverneur, sir C.-A.-P. Pelletier, Sa Grandeur Mgr Roy, sir Lomer Gouin, Mgr Mathieu, l'hon. M. Boucher de la Bruère, l'hon. M. E.-J. Flynn, M. H.-J.-J.-B. Chouinard, le lieutenant Lanrezac, M. Eug. Rouillard, M. Valin, secrétaire du Comité, et plusieurs autres dignitaires. Le clergé, toujours heureux de prendre part à ces fêtes de la grande famille canadienne à laquelle il est si étroitement uni, était aussi largement représenté. La salle des Promotions était comble. Depuis longtemps l'Université de Québec n'a réuni chez elle un auditoire de ce genre, aussi français, aussi généralement beau et varié. On peut dire que chaque partie, chaque comté de la Province, y avait un ou plusieurs représentants.

La séance s'est brillamment ouverte, aux notes harmonieuses de la fanfare de la Garde indépendante Champlain ; la lecture du Palmarès qui, à la longue, serait peut-être devenue monotone, fut entrecoupée des « Chants canadiens », des « Soirées de Québec », de M. Ernest Gagnon, que le chœur des universitaires sut interpréter avec beaucoup de goût et de succès. M. l'abbé D. Gosselin, président, Sa Grandeur Mgr Roy, M. le lieutenant H. Lanrezac ont aussi prononcé de magnifiques discours, que nous sommes heureux de publier en entier.

A tour de rôle, à mesure que M. Rouillard lisait le Palmarès, les représentants des anciennes familles s'avançaient pour recevoir, avec de nombreuses félicitations, les médailles d'argent, à la devise commémorative : *Ense, Cruce, Aratro.*

C'était réellement beau de voir toute cette noblesse de chez nous, venir avec un légitime orgueil témoigner de sa fidélité au vieux coin de terre de ses pères. Les applaudissements, surtout, ne furent pas ménagés à Madame Henriette-Aurélie de Saint-Ours, épouse de l'honorable Joseph-A. Dorion, conseiller législatif, et à Madame Elizabeth Valin, épouse de M. Noël Dorion, qui détiennent encore le domaine ancestral.

Compte rendu du " Soleil "

———

JE remercie le Comité des Anciennes Familles d'avoir bien voulu m'inviter à la distribution des médailles à ceux qui sont encore en possession de la terre ancestrale, transmise de père en fils depuis au moins deux siècles.

Peu de personnes, en dehors des intéressés et de leurs familles, ont pu trouver place dans la salle des Promotions pour y entendre et pour y voir l'apothéose de la bonne terre canadienne : spectacle grandiose et consolant qui a fait battre plus d'un cœur de patriote. Ces deux cents familles qui sont restées fidèles à la charrue représentent une des plus grandes forces et la plus belle richesse de notre patrie ; elles n'ont pu être entamées par les ennemis modernes qui se glissent pourtant dans tous les rangs de la société, l'égoïsme, le luxe, l'ambition et l'intempérance : la terre les garde des tentations mauvaises, et son travail salutaire conserve à notre race sa vigueur et son énergie.

Notre nouveau lieutenant-gouverneur sir C.-A.-P. Pelletier, Mgr Roy, sir Lomer Gouin, l'honorable B. de la Bruère, Mgr Mathieu, M. le lieutenant Lanrezac, M. l'abbé D. Gosselin et M. E. Rouillard, distribuèrent les médailles aux heureux titulaires, en y ajoutant le plus souvent un bon sourire et une chaleureuse poignée de mains.

Il n'y eut que trois discours : l'abbé D. Gosselin, président du Comité des Anciennes Familles et
l'auteur d'un livre très estimé sur les anciennes
familles de Charlesbourg, raconta comment ce projet de récompenser les possesseurs des terres ances-
trales avait pris naissance et comment on l'avait
mené à bonne fin ; il remercia le comité des fêtes
du 3e Centenaire qui a donné cinquante médailles
à des familles qui n'avaient pas réclamé en temps,
et il exprima l'espoir que le gouvernement provin-
cial continuerait à honorer les chefs des familles
canadiennes qui sont attachées d'une façon inviolable à la terre paternelle.

Mgr Roy, avec l'éloquence qui le caractérise, fait
l'histoire de cette noblesse de la charrue, qui rem-
place pour nous, dit-il, la noblesse d'épée de la
vieille Europe. Il nous montra nos ancêtres nor-
mands, bretons, se taillant au fil de la hache un
domaine dans les forêts vierges d'Amérique, les
luttes héroïques contre les éléments, les joies des
premières semences et des premières moissons,
l'habitation primitive, en bois rond, d'où la mère
vaillante et les enfants rieurs suivent le père et les
bêtes traçant de nouveaux sillons, et le rideau épais
de la forêt qui cache le reste du monde et qui borne
les besoins et les désirs.

A cette page, dont je ne donne qu'un très pâle
résumé, il en ajoute une autre, celle du domaine
agrandi, tel qu'on le voit aujourd'hui, avec ses
champs immenses, ses troupeaux nombreux, et il
termine par des avis paternels aux heureux possesseurs des médailles. Il les met en garde contre

les dangers qui menacent la terre, le luxe, les dépenses inconsidérées, l'inconduite, et il conseille à ceux qui seraient en proie aux tentations mauvaises d'ouvrir l'écrin et d'écouter la voix lointaine et douce, celle des ancêtres vertueux et patriotes qui supplient de garder la terre au prix de tous les sacrifices.

M. le lieutenant Lanrezac, qui représentait la Société de Géographie de Paris aux fêtes de cet été, a été chargé par le Comité de faire exécuter les médailles, en France, d'après un dessin de monsieur E. Taché...................................

M. le lieutenant Lanrezac fait l'éloge de M. l'abbé D. Gosselin, de M. Eugène Rouillard, un savant modeste dont les travaux sont très appréciés des savants en France ; puis il explique l'inscription des médailles : la croix, qui représente notre foi et l'appui que nous avons trouvé à toute heure dans notre clergé ; l'épée, qui rappelle les luttes contre l'Iroquois, nos victoires et nos défaites également glorieuses ; la charrue, enfin, qui indique une plus pacifique conquête, celle de sa terre qu'on doit chérir d'un amour filial semblable à celui dont on entoure sa mère.

Il prie les Canadiens de ne pas juger la France par sa littérature, par ses romans psychologiques qui ne sont pas sincères ; il dit que dans presque tous les foyers français il y a encore une digne et sainte femme.

Les amateurs de Québec, aidés de nos meilleurs choristes, ont fait entendre avec succès, à diverses reprises, des chants canadiens d'Ernest Gagnon,

« France » d'Ambroise Thomas, suivi de « O Canada ». Les refrains populaires qui ont bercé notre enfance ont ajouté leur gaîté entraînante à l'émotion de cette fête, et les âmes des aïeux, attirées sans doute par ces derniers échos du 3me Centenaire, ont dû être fières des honneurs rendus à leurs descendants.

GINEVRA.

———

II

DISCOURS DE L'ABBÉ D. GOSSELIN

PRESIDENT DU COMITÉ

———

Monsieur le Gouverneur,

Monseigneur,

Mesdames et Messieurs,

L'AN de grâce 1908 nous fait, pour ainsi dire, assister à une procession de centenaires. Il y a quelques semaines à peine, on célébrait les fêtes de Laval. Le dévoilement de la superbe statue que la reconnaissance du peuple canadien vient d'élever au fondateur de l'Église du Canada coïncidait, en effet, avec le deuxième centenaire de sa mort.

Aux fêtes inoubliables de Laval ont immédiatement succédé les fêtes de Champlain. Le même peuple, « fils de Laval et de Champlain », comme l'a si bien dit notre poète, a saisi le passage du troisième centenaire de la fondation de Québec pour glorifier, une fois de plus, le « découvreur avisé » qui, après avoir si bien situé le berceau de sa ville, a eu la pieuse inspiration d'en confier la garde à Notre-Dame.

En juin 1608, vous le savez comme moi, Champlain quittait Tadoussac, rendez-vous accoutumé des pêcheurs de morue et des commerçants de pelleteries. Pour la deuxième fois, il remontait à petites journées le grand fleuve qui, de l'océan Atlantique, mène au centre du continent américain. Le 3 juillet, il débarquait au pied de la montagne déjà baptisée sous le nom de Québec, et s'empressait de grimper au sommet pour y planter l'étendard du Christ et le drapeau azuré chargé de la croix blanche. Ces deux symboles proclament assez haut que l'empire rêvé par Champlain devait avant et par-dessus tout être catholique et français.

L'ancien géographe officiel de Henri IV venait d'écrire la première page de l'histoire du Canada, qui date de ce jour mémorable, et qui ne fait encore que commencer, bien qu'elle compte déjà 300 ans révolus. Pour vous comme pour moi, j'en ai l'intime conviction, notre merveilleux passé garantit notre avenir national. La France nouvelle projetée par Champlain, d'abord circonscrite au rocher de Québec, un peu plus tard avec les paroisses enchantées qui l'encadrent, depuis longtemps sortie de ce cercle étroit, ne cesse de reculer les frontières de ses défrichements et, comme l'on disait autrefois, de multiplier des « habitations » toujours trop petites pour les essaims d'enfants qui viennent frapper à leurs portes. L'empire catholique et français, que ce grand patriote et ce grand chrétien ambitionnait de fonder, n'a pas l'étendue qu'il aurait voulu lui donner ; mais, grâce à Dieu, il est encore catholique et français. Il a changé, il est vrai, de nom et de drapeau politique, mais son peuple, tout en étant loyal à la dynastie de rois qui a succédé à la première, n'en est pas moins resté catholique pratiquant et français de cœur. S'il était permis à Champlain de sortir, un instant, de son tombeau, il constaterait donc, avec joie et avec un légitime orgueil, la réalisation presque plénière du projet qui le ramena au Canada en 1608.

Lorsqu'il est décédé, en 1635, son Québec, actuellement une grande cité, et la plus française qui soit sur le sol d'Amérique, ne comptait que trois minuscules édifices publics, quelques maisonnettes en bois, une dizaine de familles et une population dont le chiffre total ne dépassait guère une centaine d'âmes. Lorsque Dieu a rappelé ce missionnaire laïque, la Nouvelle-France n'existait donc qu'en puissance, ou, si vous l'aimez mieux, dans le cerveau de Champlain. C'est pourquoi l'on peut dire, sans injustice, que s'il a l'honneur d'être le fondateur de Québec, les pionniers qui ont été ses contemporains, Hébert, Couillard, Martin et Giffard ; les colons dont l' « habitation » n'a pas changé de nom depuis deux siècles et plus, et que nous allons honorer tout à l'heure dans leurs descendants actuels ; en un mot, tous ceux qui de 1608 à 1908 ont continué cette glorieuse lignée, sont les vrais fondateurs de la Nouvelle-France, de cette partie au moins qui s'appelle maintenant la province de Québec. Ce n'est pas assez dire. Cette liste de fondateurs qui s'allonge chaque jour, et qui, je l'espère, ne sera close qu'à la fin du monde, comprend notre classe agricole passée, présente et future. Plus que cela encore, les premières générations de colons ont, en quelque sorte, fondé deux fois la Nouvelle-France : « Une première fois sous la domination française ; une seconde fois sous la domination anglaise ». Si, en effet, les 60,000 Jean Rivard de 1760 avaient, eux aussi, repassé l'océan en même temps que le drapeau français, l'histoire du peuple canadien ne serait plus que de l'histoire ancienne ; ce rejeton de race française, transplanté sur le sol d'Amérique, aurait cessé de vivre à la suite de cet exode.

Le fait historique que je viens d'énoncer, évident à priori, n'a guère besoin d'être démontré. Ces millions d'acres en culture qui, tous les ans, se couvrent de riches moissons, ont été conquis sur la forêt par les colons que je viens de mentionner. Ces belles paroisses, dont l'organisation religieuse et civile fait l'éloge de ceux qui en sont les auteurs, ils les ont fondées à la sueur de leur front toujours, au prix de leur sang quelquefois. Ce peuple de 1,200,000 âmes au moins, qui vit heureux dans la vallée du Saint-Laurent, fier et jaloux de sa langue, de ses lois et de ses institutions, ils en sont les procréateurs. Ces précieuses libertés religieuses et politiques qui sont présentement notre apanage, ils les ont acquises par leur énergie tour à tour passive et active, suivant les circonstances, et surtout par leur union avec un clergé sorti de leurs entrailles. Il est donc vrai de dire que si Champlain a

posé la pierre angulaire des fondations de la Nouvelle-France, les équipes de pionniers, qui depuis
trois siècles se succèdent de plus en plus nombreuses, ont fait, de concert avec leur clergé, notre édi-
fice national ce qu'il est aujourd'hui

« Le Canadien de ses aieux garde le souvenir
pieux », a dit encore notre poète national, que je
cite pour la seconde fois. Ce témoignage n'est
pas seulement complimentaire puisque, depuis un,
deux, et près de trois siècles, des centaines et des
milliers de familles naissent, vivent et meurent
sur la même langue de terre, transmise, sans interruption, de père en fils, et ne changent jamais de
nom Ces langues de terre, arrosées des sueurs de
six et sept générations, fécondées par un labeur et
des sacrifices que seuls les anges connaissent, on a
grandement raison de les estimer à l'égal d'un bien
sacré, dont l'aliénation est presque sacrilège Ces
langues de terre, témoins de ce qui se passe dans le
sanctuaire de chaque famille, qu'elles seraient élo-
quentes, si elles pouvaient parler ; quelles belles
monographies elles nous mettraient sous les yeux,
si elles savaient écrire. Cette aisance dorée, cette
indépendance presque souveraine, cette félicité que
vous savez goûter et apprécier : car vous êtes de ceux
auxquels il n'est pas nécessaire de rappeler le vers
du poète · « Oh ! trop heureux l'habitant des campagnes s'il connaissait son bonheur » ; cette situation
privilégiée qui est la vôtre, est un héritage légué
par des ancêtres qui ont des titres imprescriptibles
à votre reconnaissance, dont vous devez être plus
orgueilleux que s'ils appartenaient à la plus haute
noblesse de la vieille France.

Ces fondateurs de nos premières paroisses canadiennes, nous en avons une preuve vivante sous
les yeux, ne sont pas morts tout entiers. Plus for-
tunés que le fondateur de Québec, la plupart revi-
vent dans des descendants qui portent dignement
leur nom, qui sont restés catholiques et français
comme eux, qui occupent encore le patrimoine
familial ou, du moins, qui vivent encore à l'ombre
du même clocher. S'il leur était donné de revenir
au milieu de nous, ils seraient ravis de voir que
leurs anciennes habitations n'ont guère changé.
Les bornes en sont à peu près les mêmes ; le jardi-
net est encore attenant au logis ; le verger compte
presque le même nombre de pommiers ; la maison
et la grange ont été rebâties, il est vrai, mais sur le
même style, et sont encore assises sur le même
site, sur le même coteau.

En réalité, l'aspect général est si bien resté le
même, que bon nombre pourraient aisément retrou-
ver le chemin de leurs anciennes résidences. Les
pionniers, en particulier, qui comptent des représentants parmi ceux auxquels le Comité des Anciennes Familles va décerner, tout à l'heure, une distinction honorifique, seraient fiers de leurs enfants
comme ceux-ci le sont de leurs premiers parents
canadiens. Ils les acclameraient avec nous, et re-
mercieraient la Providence d'avoir béni les générations qui leur ont succédé sur la terre ancestrale.

Le seul regret du Comité des Anciennes Familles, Messieurs, est de ne pouvoir présenter, aux
descendants des premiers pionniers, des médailles
d'or. Si jamais elles ont été méritées, c'est sûre-
ment par ceux qui continuent l'œuvre des premiers

fondateurs de la Nouvelle-France. Nous l'avons espéré en vain. Tout de même, quelle que soit leur valeur intrinsèque, vous les porterez avec l'orgueil du soldat décoré sur le champ de bataille. En même temps que le souvenir des aïeux, elles rappelleront à vos enfants que « noblesse oblige ». Ils continueront donc, comme vous, de naître, vivre et mourir sur la terre ancestrale, d'enfoncer plus avant leurs racines dans le sol canadien ; et lorsque l'on fêtera le quatrième centenaire de la fondation de Québec, aux petits-fils, plus favorisés que les grands-pères, il sera décerné, cette fois, des médailles de l'or le plus pur. C'est du moins le vœu que j'exprime au nom du Comité des Anciennes Familles.

III

DISCOURS DE S. G. Mgr P.-E. ROY

AUXILIAIRE DE QUÉBEC

Monsieur le Gouverneur,

Mesdames et Messieurs,

Nous assistons ce soir à une démonstration peu banale et fort instructive. Laissez-moi vous dire tout le plaisir que j'éprouve à y prendre part. C'est vraiment une fête de la patrie, et j'y vois le très digne et très pratique épilogue des fêtes du IIIe Centenaire. Et cette fois, nous sommes sûrs que le spectre de l'impérialisme ne viendra pas hanter et troubler nos visions. Il s'agit bien ici, en vérité, de glorifier notre race et notre terre canadienne-française.

Au temps jadis les souverains faisaient venir à leur cour les guerriers qui s'étaient illustrés dans les combats, qui avaient bravement exposé leur vie pour défendre ou reculer les frontières de la patrie. Ils remettaient entre leurs mains vaillantes des titres de noblesse, en y joignant la libre possession d'un fief pris sur le domaine public. Munis de ces parchemins, propriétaires de ce fief, dont le nom s'ajoutait à leurs noms de famille, ces soldats devenaient les grands du royaume. Ils prenaient le titre de comte, duc, marquis ou baron, choisissaient armes, blasons et devises, vivaient dans les splendeurs des cours royales, et transmettaient à leurs enfants leurs titres et leurs blasons en même temps que leurs noms. C'est ainsi que s'est fondée la vieille noblesse de l'Europe. C'était la noblesse de l'épée.

Cette noblesse-là, Messieurs, ne fut pas en général un article d'exportation. Les quelques parchemins aux paraphes royaux et les blasons dorés qui vinrent jadis aborder aux rives du Saint-Laurent ont presque tous repassé les mers avec le drapeau blanc.

Il nous fallait ici une noblesse plus pacifique dans ses origines et mieux adaptée aux conditions de notre vie et à nos traditions nationales. Cette noblesse, nous la fondons, aujourd'hui, sur ce rocher de Québec, où abordaient, il y a 300 ans, les conquérants de la terre canadienne, et volontiers je l'appellerais la noblesse de la charrue.

On a réuni dans cette salle les descendants des vaillantes familles qui fondèrent et agrandirent ici la patrie canadienne ; qui se taillèrent courageusement, au bord du Saint-Laurent, un domaine arraché au stérile empire de la barbarie ; qui s'y fixèrent par des attaches indissolubles et s'y transmirent sans interruption, pendant deux siècles et plus, le noble héritage du vrai patriotisme et le culte inviolable de la terre ancestrale.

Et à ces héritiers de deux siècles de labeurs féconds, de fortes et saines vertus familiales, on va donner, sous forme de médailles, leurs vrais titres de noblesse.

Soyez fiers de ces titres, Messieurs ! Les services qu'ils consacrent sont de ceux qui honorent une famille et un pays ; la noblesse qu'ils créent est de celles qu'on porte le front haut et le cœur gai, parce qu'elle a été conquise par des labeurs utiles et honorables.

La noblesse d'autrefois se gagnait à la pointe de l'épée, et l'or des blasons réussissait mal à cacher le sang des batailles. La vaillance de vos ancêtres s'est affirmée en des œuvres plus pacifiques ; et sur les blasons que dore la patrie reconnaissante, on ne trouve pas de sang, mais seulement la trace glorieuse des sueurs généreusement versées dans un travail fécond et bienfaisant.

Elle serait intéressante à raconter et à lire, Messieurs, l'histoire de ces quelque deux cents familles, dont vous êtes ici les authentiques et heureux descendants ! S'ils avaient eu le temps et la facilité d'écrire leurs mémoires, ces braves aïeux ! Si leurs mains avaient su manier la plume comme elles savaient manier la hache et la charrue, quelles précieuses archives ils auraient laissées aux historiens de notre temps !

D'ailleurs, Messieurs, la terre qu'ils vous ont transmise, après l'avoir fécondée de leurs sueurs, n'est-elle pas le plus beau livre d'histoire que vos mains puissent feuilleter et vos yeux parcourir ? Et ce livre, n'est-il pas vrai que vous le lisez avec amour ? que vous le savez par cœur ?

La préface en fut écrite par ce vaillant chef de dynastie qui apporta ici, il y a plus de deux siècles, votre nom, votre fortune et votre sang. C'était un Breton, un Normand, un Saintongeois, que sais-je ? un Français, en tout cas, et un brave, à coup sûr. Avec cet homme et la femme forte qui vint avec lui, ou qu'il trouva sur ces bords, une famille nouvelle venait fortifier la colonie naissante, civiliser le royaume de Québec, et enrichir d'un sang généreux et de belles vertus la noble race canadienne-française.

Et l'histoire commence, palpitante d'intérêt, débordante de vie. Que de fois vous les avez vus repasser dans votre imagination, ces premiers chapitres, écrits au fil de la hache, illuminés par les belles flambées d'abatis, et gardant encore aujourd'hui les âcres et fortifiantes senteurs des terres neuves, que déchirent la pioche et la herse, et où germent les premières moissons ! Ce sont les années rudes, mais combien fructueuses des premiers défrichements ; c'est la glorieuse épopée de la terre qui naît, de la civilisation qui trace pied à pied son lumineux sillon à travers l'inculte sauvagerie des hommes et des bois. Chaque coup de hache, alors, est une belle et patriotique action ; chaque arbre qui tombe est un ennemi vaincu ; chaque sueur qui arrose le sol est une semence féconde.

Et comme elle était simple et bonne, la vie de ces héroïques pionniers ! La maison—la première qui orna le champ où s'élèvent aujourd'hui vos confortables demeures—dressait au bord de l'abatis sa rudimentaire charpente de bois rond, dominant à peine les souches avoisinantes. De son seuil rustique, la femme et les enfants pouvaient voir le colon conduire ses bêtes et sa charrue, faire le geste sublime du semeur, ou moissonner à l'automne les fruits que la terre et Dieu donnaient à son travail. Leurs yeux s'emplissaient de ce doux spectacle, et dans le cœur des tout jeunes grandissait le désir, j'allais dire la passion, de devenir eux aussi, un jour, des « faiseurs de terre » et des faucheurs de moisson.

On ne connaissait guère, sous ces rudes lambris, les envies prétentieuses et les exigences malsaines. La forêt toute voisine, qui bornait l'horizon, bornait aussi les désirs. Le fils s'attachait à ce sol qui prenait toutes les énergies et où semblaient germer toutes les espérances de son père.

Reculer chaque année les limites de cet empire naissant, arracher à la forêt les trésors de vie qu'elle cache, pour que la terre nourricière suffise aux générations qui grandissent : telle est la saine et forte ambition qui travaillait ces cœurs simples et ces esprits robustes.

En vérité, il est beau ce premier chant de l'épopée familiale et de la terre paternelle ! Nulle part vous ne sauriez trouver d'aussi utiles enseignements ni d'aussi nobles leçons.

Puis le livre se continue, chaque chapitre ajoute un nom à la série des générations, un anneau à cette chaîne vivante qui se fortifie en s'allongeant, parce qu'elle reste ancrée au même sol. Pendant que l'abatis entame chaque année la forêt qui cède et qui fuit à l'horizon, de beaux champs étalent au soleil leur verdoyant tapis, où la charrue se promène lente, majestueuse, conquérante, traçant son sillon droit et lisse. Le colon a vaincu, la terre est soumise, et livre plus volontiers ses richesses. La vie, toujours simple et austère, devient plus calme et plus facile. C'est l'histoire des générations qui vous ont précédées, l'histoire de cet aïeul vénérable que vous avez vu penché sur votre berceau, dont les récits ont charmé votre oreille d'enfant, et dont la verte et toujours active vieillesse gardait si vivants sous vos yeux les souvenirs et les traditions des âges disparus.

Et le livre poursuit ainsi ses chapitres jusqu'à la page à moitié blanche que vous êtes en train d'écrire vous-mêmes. Je suis bien sûr, Messieurs, que vous vous appliquez à ne pas trahir un si glorieux passé, et que le chapitre écrit ou vécu par vous sera digne en tous points des chapitres précédents. Si vous avez tant à cœur de laisser à la terre ancestrale un nom qui l'honore, c'est que vous voulez pour elle des maîtres qui la travaillent avec amour et respect. Vous sentez qu'elle est bonne et bienfaisante, la terre qui a nourri vos aïeux. Elle est en quelque sorte consacrée par les labeurs, les souffrances, les vertus et les mérites des nombreuses générations qui vous l'ont gardée. L'âme de ces vaillants a laissé quelque chose d'elle-même aux arbres de vos forêts, aux sillons de vos champs, aux ruisseaux de vos plaines. Bon sang ne saurait mentir et noblesse oblige. Gardez donc, avec le culte du sol natal, la fidélité aux traditions et aux vertus qu'il vous prêche.

Soyez simples dans vos goûts et modérés dans vos désirs. Evitez le luxe qui dévore la terre et ruine les héritages. Ne vous créez pas ces besoins factices, ces exigences de fantaisie qui ouvrent partout des fissures par où se perdent les fruits de l'épargne, vous souvenant que la richesse est faite non pas tant de ce que l'on gagne que de ce que l'on économise. Travaillez avec énergie et persévérance : la terre devient stérile sous les pas du paresseux. Sachez le prix du temps, et n'en gaspillez aucune parcelle : le temps se venge terriblement de ceux qui ne lui font pas l'honneur de l'utiliser.

Soyez sobres aussi. L'intempérance est le fléau du sol. C'est le mal de presque toutes les terres qui meurent.

Soyez catholiques croyants et pratiquants. La foi simple et robuste forme la plus belle portion de votre héritage. Vos terres sont riches plus encore des bénédictions de Dieu que du labeur des hommes. Prenez garde de détourner le cours de ces bienfaisantes bénédictions. Aimez par-dessus tout votre Père qui est aux cieux ; recevez avec reconnaissance de ses mains le pain de chaque jour ;

faites sur terre sa sainte volonté, et cherchez d'abord à mériter son royaume.

Enfin, ayez à cœur d'élever sur ce sol des enfants qui s'y attachent, qui soient capables de recueillir votre héritage et de garder sans tache votre beau blason familial.

Voilà, Messieurs, dégagée de tout nuage, et mise en formule de vie pratique, la haute signification de cette démonstration patriotique. Voilà ce que disent de vos ancêtres, ce que disent à vous-mêmes, et ce que raconteront à vos descendants les médailles qui vous sont distribuées ce soir. Emportez-les avec joie dans vos maisons ; montrez-les avec fierté à vos enfants. Elles vont faire revivre d'une vie plus intense à vos foyers deux siècles de souvenirs et de vertus.

Mettez-les en place d'honneur. Et quand le labeur quotidien vous paraîtra dur et ingrat ; quand vous sentirez votre âme et votre corps faiblir en face de certains devoirs ; quand la tentation mauvaise sollicitera vos sens et votre volonté : vous ouvrirez le précieux écrin, et vous prêterez l'oreille. Il en sortira une voix douce et lointaine, la voix des générations qui vous ont frayé la route et donné l'exemple.

Et cette voix, bienfaisante messagère de tant d'âmes aimées, donnera à votre cœur l'élan dont il aura besoin, en vous murmurant à l'oreille ce salutaire avertissement d'un passé sans tache : « Mon fils, noblesse oblige ! »

IV

Discours de M. le lieutenant H. Lanrezac, de Paris

———

Monsieur le Gouverneur,

Monseigneur,

Mesdames et Messieurs,

CE n'est pas sans une grande émotion que, pour la première fois, je prends la parole devant un auditoire canadien aussi nombreux et aussi choisi, devant votre nouveau gouverneur, dont je ne puis dire qu'une chose : c'est qu'il a les mêmes vertus, la même science, la même haute courtoisie que son illustre prédécesseur ; devant un prince de votre Eglise, de cette Eglise grande et forte, gardienne vigilante des droits de votre race ; devant vos savants et vos littérateurs.

Vous ne m'intimidez pas moins, chers cousins canadiens, que j'aime profondément non seulement parce que le même sang coule dans nos veines, mais aussi parce que les vertus canadiennes sont celles qui sont le plus chères à un homme d'épée : l'énergie, le courage, la persévérance, le respect des vieilles et anciennes traditions.

Je n'aurais certes jamais osé parler devant vous tous, Mesdames et Messieurs, si je ne savais combien vous aimez tout ce qui vous rappelle la France, cette France ingrate, qui vous a trop longtemps oubliés et pour laquelle cependant vous avez gardé une inébranlable affection.

D'autre part, j'ai un fétiche protecteur : c'est mon uniforme. Tout ce qui, ici, touche à l'armée française, ne saurait, je le sais, vous laisser indifférents ; car si les destins du Canada changèrent en 1760, ce ne fut ni la faute de vos ancêtres, ni celle des héroïques soldats à côté desquels ils se battaient.

Permettez-moi tout d'abord, avant d'entrer dans le vif de mon discours, de remplir un agréable devoir, celui de vous dire tout le bien que je pense de ceux qui ont eu l'idée de cette belle fête et qui l'ont organisée.

C'est là, n'est-il pas vrai, une tâche qui me revenait de droit. Étranger à Québec, voyageur qui passe pour peut-être ne plus revenir, mon avis ne saurait être suspect et on ne peut guère m'accuser de partialité.

Quelques mois avant les fêtes du IIIᵉ Centenaire, un honorable agriculteur, M. Valin, travailleur consciencieux et honnête (ce qui, entre parenthèse, vaut à mes yeux tous les titres), eut l'idée de faire frapper une médaille commémorative, qui devait être distribuée aux familles ayant conservé depuis plus de deux cents ans la propriété de la terre ancestrale.

M. Valin pensait, non sans raison, qu'il n'était pas indifférent d'honorer ainsi la meilleure des noblesses : celle qui se fonde sur une possession honorable de la terre.

Il s'ouvrit de son idée à deux hommes, savants modestes que leurs œuvres n'enrichiront jamais, parce qu'ils se sont contentés d'écrire des œuvres saines et utiles, des œuvres fortes qui témoignent d'une érudition profonde, et que ce ne sont pas celles-là qui font malheureusement la faveur de leurs auteurs.

Monsieur l'abbé Gosselin, permettez à votre lointain cousin de vous dire que ce n'est pas sans une émotion profonde qu'il a lu votre livre sur les vieilles familles de Charlesbourg, un des berceaux de la jeune nation canadienne-française. Je ne vous connaissais pas il y a quelques minutes, mais je m'honore grandement d'avoir pu ainsi être présenté au savant modeste, à l'homme qui a consacré une grande partie de sa vie à honorer les ancêtres glorieux de ses compatriotes. Quant à M. Rouillard, ce n'est pas d'aujourd'hui que je peux me vanter d'être son ami, et je ne vous dirai certes pas tout le bien que je pense de lui, ne voulant pas le faire rougir; mais je ne puis m'empêcher de rendre hommage à l'auteur de tant de livres érudits et savants. Ami passionné de son pays, chercheur infatigable, M. Rouillard a écrit sur le Canada des notices, des brochures qui sous leur apparence modeste n'en sont pas moins aussi de solides monuments élevés à la gloire de la Nouvelle-France.

Avec de pareils parrains, l'idée fort belle de M. Valin ne pouvait être couronnée que de succès.

Dans un sentiment dont vous comprendrez tous, j'en suis sûr, la portée, M. Rouillard entraîna le Comité des Anciennes Familles à s'adresser en France, pour l'exécution d'un objet d'art, dont le dessin est l'œuvre d'un Québecquois de talent, j'ai nommé l'honorable M. Taché.

Sans doute, le Comité aurait pu s'adresser pour cette tâche à un artiste du pays. Dieu merci, il y a aujourd'hui une école de sculpture canadienne-française dont le chef, M. Hébert, est non seulement un sculpteur digne d'être comparé aux meilleurs artistes de France, mais aussi un maître de talent original, qui a toujours cherché à refléter dans ses œuvres le véritable tempérament canadien, énergique, loyal et franc.

Le Comité ne voulut pas cependant, je le répète, s'adresser à un Canadien pour réaliser son projet. Il voulait que la remise de ces décorations fut réellement la fête du souvenir, et c'est pour cela que ces décorations viennent du vieux pays tant aimé.

Grâce à mon entremise, l'exécution de l'œuvre d'art que vous avez entre les mains fut confiée à M. Abel Lafleur, jeune sculpteur médaillier de talent, qui s'annonce comme devant être lui aussi un maître.

Son Christ au tombeau est une œuvre émotionnante, malgré sa grande simplicité. Le Fils de Dieu est allongé dans une pose abandonnée, à demi recouvert par un linceul. La tête très finement sculptée est merveilleuse d'expression, et je ne crois pas qu'il soit possible de donner une impression plus saisissante de bonté dans la mort, d'éternel repos.

Observateur qui se laisse aller à son émotion, M. Lafleur a fait toute une série de petites plaquettes qui représentent des types païens. Là, c'est une silhouette de jeune femme au visage souriant, dont la joliesse rappelle ces bijoux d'étagères, du temps de la Renaissance ; ici c'est un chiffonnier : l'humble ouvrier est assis sur une borne, et sa pauvre figure douloureuse reflète les amères pensées qui doivent être celles de ce philosophe en haillons.

En résumé, de toutes ces œuvres se dégage nettement une impression morale très forte, religieuse devant son Christ, joyeuse grâce à la Parisienne, mélancolique grâce aux types de la rue qu'il reproduit.

Vous m'excuserez de m'être ainsi étendu sur un de mes compatriotes, mais je ne puis oublier qu'avec un dévouement sans bornes ce jeune sculpteur a donné son concours entièrement à l'œuvre de votre Comité.

Sans doute, la tâche était facile, le dessin de M. Taché étant fort joli, et je n'entends nullement diminuer son mérite. Il a su, au contraire, marier fort heureusement les symboles canadiens : le lis, la croix et les feuilles d'érable.

Permettez-moi maintenant de vous commenter un peu la légende qui figure sur le bijou qui vous a été remis tout à l'heure.

La croix. Il ne faut pas être depuis longtemps au Canada pour savoir combien la religion catholique est ici grande et respectée, et cela à bon droit.

Quand on étudie votre histoire, on s'aperçoit vite que le clergé a été toujours le défenseur, le conducteur, l'éducateur de la race canadienne-française, et si à l'heure actuelle vous avez conservé votre langue, vos droits, les caractères propres de votre nationalité, c'est à lui que vous le devez et à lui seul.

Déjà, presque au début de la colonisation, Monseigneur de Laval, affermissant les courages ébranlés, avait sauvé la colonie d'un désastre. En 1760, tous ceux qui auraient pu jouer un rôle, aider le peuple canadien à supporter l'épreuve, le diriger, le consoler, tous ceux-là quittèrent un pays où ne régnait plus la fleur de lis. Seul, le clergé resta, berger du troupeau, le groupa autour de lui, maintint envers et contre tous l'usage de la langue française. Ce n'était pas une lutte facile que celle qui commençait. La France, trop loin, oubliait ceux qui cependant lui avaient donné le meilleur de leur sang, et l'Angleterre qui prétendait imposer ici sa langue, ses mœurs et ses lois, mettait toutes les entraves possibles à l'enseignement du français. Ceci, Messieurs, c'est de l'histoire ; aujourd'hui, Dieu merci, elle comprend mieux son intérêt et elle a gagné votre cœur, parce qu'elle a usé de douceur au lieu d'employer la violence, et elle sait que vous resterez fidèles à la parole donnée, au mariage qui vous a été imposé. Mais le temps n'est pas si lointain où dans les écoles françaises, avant d'apprendre, il fallait d'abord copier de vieux livres de classe datant d'avant 1760 et dont les exemplaires imprimés étaient rares.

L'Église en tout a été l'initiatrice. Qui donc, s'il vous plaît, fondait, en 1852, s'il m'en souvient bien, la première université française, qui donc la subventionne à l'heure actuelle, et lui permet de vivre libre et indépendante, n'est-ce pas le clergé ?

4

Qui donc comprit le premier le danger qu'il y avait à laisser les Canadiens partir pour les États-Unis ; qui donc, si ce n'est le curé Labelle, celui que avec raison on a surnommé le roi du Nord, créateur infatigable de villes et de villages qui tous sont aujourd'hui en pleine prospérité ; qui donc fonda la jeune cité d'Hébertville, dans la région du Lac-Saint-Jean, centre aujourd'hui merveilleusement prospère : n'est-ce pas le curé Hébert ; qui donc colonisa le Mistassini, ne sont-ce pas les Pères Trappistes ?

Je parcourais, il y a quelques jours, le Témiscamingue, un centre encore sauvage et inculte que la colonisation commence seulement à mettre en valeur et qui est, à mon avis, destiné à un grand avenir.

Or, c'est un religieux, le Père Paradis, qui, en 1883, révélait le premier ce que pouvait devenir ce vaste pays.

À cette époque, lit-on dans la brochure éditée par le département de la Colonisation, le Père Paradis explora le Témiscamingue, et démontra que quarante paroisses pouvaient s'y fonder ; et il fit à son évêque, Monseigneur Duhamel, un rapport enthousiaste.

C'est à la demande de ce digne archevêque que le Père Gendreau fit une autre exploration de cette région, exploration qui confirma en tous points les dires du R. P. Paradis.

La société de Colonisation du Témiscamingue, fondée en 1886, le fut à l'instigation de l'archevêque d'Ottawa, un Canadien-Français.

À l'avant-garde de la colonisation, à Ville-Marie

comme à Nord-Témiscamingue, ce sont encore des religieux qui montrent la voie aux colons, et il est permis de se demander ce que serait aujourd'hui cette contrée si les Pères Oblats ne l'avaient les premiers mise en valeur.

À côté de la croix, l'épée ! Est-il utile de vous expliquer pourquoi l'épée ? C'est le souvenir des luttes sanglantes et sans merci contre les terribles Iroquois ; l'épée, c'est le souvenir de ces batailles épiques des miliciens et soldats français qui, se battant un contre dix, forçaient l'ennemi à reculer, et ne tombaient accablés sous le nombre que parce que la France oubliait ses enfants, tandis qu'un intendant malhonnête les affamait.

Étant officier, je n'insisterai pas sur ce point, et je passe au dernier mot de la devise incrustée sur le bijou que vous avez entre les mains.

En lui je résume donc tous les sentiments qui animent le Comité des Anciennes Familles.

Croyez-vous donc, mes chers cousins canadiens, que vous auriez pu faire votre histoire, si vous n'aviez pas eu la vertu très haute de ne jamais vouloir oublier le passé ?

La jeune nation canadienne a grandi merveilleusement, a étonné le monde par sa vitalité et son énergie, mais elle n'a pu accomplir ses destins que parce qu'elle n'a jamais voulu briser les liens qui la rattachaient aux ancêtres glorieux.

Une nation est comme ces arbres dont la cime altière s'élève dans les airs. Ces derniers ne peuvent grandir et prospérer que s'ils enfoncent profondément dans le sol qui les a fait naître leurs vigoureuses racines.

L'amour de la terre ancestrale, n'est-il pas en effet l'expression la plus haute, la personnification la plus vivante du patriotisme, et ce sentiment n'est-il pas lui-même une vertu ?

Sans doute, je le sais, il s'est trouvé de par le monde des hommes assez fous pour nier cette vérité éclatante.

Comment, disent-ils, au moment où l'homme s'affranchit des liens qui le liaient à sa terre, à son pays, vous voulez exalter ce sentiment suranné, vieillot ! Nous, ce n'est point la terre des aïeux, infime parcelle du globe terrestre, que nous prétendons aimer : nous voulons nous élever plus haut, et c'est à l'humanité tout entière que s'adressent nos étreintes et nos caresses.

Le pire malheur, Messieurs, des individus comme des nations, c'est de vouloir devancer le temps. Je ne nie pas, remarquez-le, qu'un jour viendra où la parole du Christ « Aimez-vous les uns les autres » sera enfin écoutée d'un bout à l'autre de la terre ; mais nous n'en sommes pas encore là.

D'ailleurs, en admettant que l'homme ait le cœur assez vaste pour chérir l'humanité tout entière, il resterait à démontrer que ce sentiment d'ordre moral très élevé, je ne le nie pas, encore une fois, n'est pas conciliable avec l'amour de la terre paternelle, avec le patriotisme.

Je ne vois pas pour ma part que ces deux amours, d'ordre contraire, soient contradictoires. Ils ne sont pas de même espèce, et en le démontrant je résoudrai peut-être du même coup une autre question non moins controversée : celle de savoir si l'amour que nous cherchons à développer pour la terre natale, n'affaiblira pas celui que nous devons éprouver pour notre patrie.

Une comparaison me permettra de répondre à ces questions. Il y a, au fond de notre cœur, un amour extrêmement grand, extrêmement fort, si spontané, si doux, qu'il faut nous faire violence pour le chasser de notre âme : c'est l'amour de notre mère, de la maman douce et persévérante qui a veillé sur nos premiers pas, qui nous a bercés avec une de ces vieilles chansons, au doux rythme obsesseur, que j'entendais tout à l'heure et qui sont aussi celles du vieux pays, ces chansons qu'adorent les tout petits, qui nous a soignés, nous gardant contre la maladie, nous arrachant souvent à la mort.

Mais l'enfant grandit . il n'est plus le bambin aux culottes courtes, rieur, un peu polisson ; son cœur s'éveille à un sentiment très doux, lui aussi. Il cherche sa compagne, il la trouve et se fiance avec elle.

À partir de ce moment-là, va-t-il oublier la chère silhouette aimée de sa mère, pour ne plus songer qu'à celle qui bientôt deviendra la compagne fidèle de sa vie, et partagera avec lui et les peines et les chagrins ? Non, Mesdames, Messieurs, l'amour qu'on éprouve pour la maman n'est pas exclusif de celui qu'on éprouve pour la fiancée aux jolis yeux.

L'amour filial est un sentiment doux, sans doute, mais dans lequel il entre à la fois du respect, de la reconnaissance et de l'affection. L'autre amour est plus intime, il ne comporte ni reconnaissance, ni le même genre de respect, et cependant il n'est pas moins profond, et tous deux se concilient parfaitement dans le cœur de l'homme

Eh bien, notre mère, n'est-ce pas notre patrie lointaine ou présente, et les liens qui nous unissent à la terre ancestrale ne sont-ils pas de même ordre que ceux qui unissent le mari à la femme?

La terre natale, vous ai-je dit tout à l'heure, est la personnification vivante de la patrie. N'est-ce pas cette terre vénérée, fécondée par les sueurs et le sang des ancêtres, que ceux qui nous ont précédés ont remplie de souvenirs?

Cette terre natale, n'est-elle pas, suivant le mot juste du R. P. Coubé, « l'écrin des joies et des tristesses qui ont uni nos aïeux, des vertus et des exploits dont ils nous ont donné l'exemple, des victoires qu'ils ont remportées, et des bienfaits qu'ils ont reçus du Ciel? »

Avant de terminer, Mesdames et Messieurs, permettez-moi de vous parler un peu de l'âme française, cette âme douce, compatissante, que vous connaissez, je n'en doute pas, mais qui hélas! est si méconnue à l'étranger.

L'âme de la France est fugitive, elle ne se laisse pas volontiers étudier. Elle échappe à l'observation des étrangers qui souvent nous jugent exclusivement sur des apparences, parce qu'ils ne peuvent pas pénétrer notre intimité.

Pour connaître l'âme française, la vraie, celle qui tour à tour guerrière et magnanime sait toujours être douce, maternelle pour ceux qui souffrent, celle qui sait consoler et soutenir les faibles, il ne suffit pas de parcourir nos riantes campagnes normandes, de s'en aller dans cette charmante Touraine, de visiter nos Vosges tristes, aux lacs enchantés comme les vôtres, dans les sombres forêts; il ne suffit pas de gravir les Alpes sauvages aux cimes couvertes de neige, ni de parcourir les plaines fertiles mais monotones de la Champagne ou de la Beauce, les plaines du Nord couvertes d'usines et de canaux : il faut pénétrer dans l'intimité de la famille française, se faire admettre par un petit cercle d'amis, ce qui demande du temps.

Le salon s'ouvre chez nous très facilement, mais il n'est qu'une pièce au décor pompeux. Ce n'est pas là que vit le Français, c'est dans son bureau de travail, entre sa femme et ses enfants.

Or, lisez les appréciations portées sur nous, sur nos femmes et sur nos filles, par des gens qui se piquent d'être de fiers observateurs.

Ils n'hésitent pas à déclarer que nous n'avons aucune valeur morale. Ils oublient trop que les Canadiens-Français sont une preuve évidente du contraire.

Ils disent que nos femmes sont des têtes folles, peu soucieuses de remplir leurs devoirs de femmes d'intérieur, et ils ne se basent pour porter ce jugement sévère que sur nos propres romans qui s'intitulent romans psychologiques. Permettez-moi de vous donner un conseil : quand vous voudrez connaître la véritable Française, ne lisez jamais les romans écrits par nos écrivains. Venez en France, essayez de pénétrer dans l'intimité d'une famille : alors, seulement, vous vous rendrez compte de tout ce que valent nos femmes, nos filles, douces, bonnes et courageuses.

Evaporée, la Française le paraît parfois, car elle babille comme un oiseau. Mais viennent les heures sombres où le chagrin s'abat sur l'homme, où la maladie le cloue au lit, alors elle devient une admirable consolatrice, une garde-malade douce, tendre, prévenante.

Sans doute, avec un sourire, la Française fait de l'homme son jouet ; mais que de grandes choses n'inspire-t-elle pas ?

Au fait, ne le savez-vous pas vous-mêmes, vous, mes chers cousins, dont la chanson la plus populaire exalte la Canadienne et ses jolis yeux doux ?

Ne croyez pas sans contrôle tout ce qu'on vous dit de nous. Nous valons mieux que notre réputation.

Je me rappelle qu'il n'y a pas bien longtemps, étant aux grandes manœuvres que nos troupes font annuellement pour s'entraîner et s'aguerrir, mon régiment revenait d'une longue marche ; nos hommes étaient las, l'étape avait été rude, et le sac pesait lourd aux épaules.

Tout à coup, comme nous entrons dans Domrémy, notre commandant, un vieil officier à la barbe blanche, se plaça devant l'humble maison où était née celle qui personnifie et personnifiera le plus pur et le plus noble des dévouements : Jeanne d'Arc. D'un geste large, tirant son épée, il salua et ordonna de rendre les honneurs militaires.

Les officiers commandèrent: « L'arme sur l'épaule droite ! voici la maison de Jeanne d'Arc. » J'observais à ce moment les hommes de ma section. Ah ! les braves petits gars ! Un grand frisson sembla les étreindre, leurs yeux brillèrent, et oubliant un instant leurs fatigues, mes hommes redressant fièrement la tête, scandant le pas, défilèrent superbes devant la maison de l'humble bergère.

Pourquoi donc ces petits soldats avaient-ils ainsi donné cet effort, pénible pourtant ?

C'est parce qu'en eux ils avaient senti vibrer, au plus profond de leurs entrailles, la fibre patriotique.

Les peuples jaloux disaient autour de nous que nous étions incapables d'efforts ; et voici qu'en Afrique, insouciantes du danger, nos troupes révèlent au monde étonné que c'est encore le vieux et pur sang gaulois qui coule dans nos veines.

Le malheur des nations, c'est d'être un jour vaincues ; et ceci explique pourquoi, Messieurs, les étrangers qui nous méconnaissent méprisent souvent notre âme qu'ils ignorent et ne cherchent point à connaître.

La France a été malheureuse, mais les hommes passent ; elle reste toujours, en tout cas, elle doit être doublement chère. Continuez à l'aimer, le pays enchanté et fleuri, la terre du bon accueil et du sourire hospitalier, la terre des grands souvenirs, la nation généreuse prête à secourir tous les opprimés.

Aimez-la, cette France glorieuse, puisque vous êtes aussi ses enfants. Puisse son image adorée rester gravée, comme elle l'est maintenant, au fond de votre cœur, vous suivre partout, mes chers frères canadiens, comme elle me suit, m'a suivi à travers les flots et les déserts, dans la brousse d'Afrique, dans la mélancolique Allemagne.

Excusez-moi de vous avoir causé aussi longtemps, mes chers compatriotes, que je ne reverrai peut-être plus. Laissez-moi seulement vous dire tous les vœux que je forme pour la grandeur de la nation canadienne-française, unie, respectueuse de ses traditions, fidèle à la foi catholique de ses ancêtres.

MÉDAILLE DES ANCIENNES FAMILLES

————

Cette Croix d'honneur a été composée et dessinée par M. E. Taché, sous-ministre des Terres et Forêts, Québec ; exécutée par M. Abel Lafleur, graveur, Paris. Le métal est l'argent doré, les feuilles d'érable étant diversement nuancées. L'écusson du centre est de couleur vert clair. Le *revers* est plan, et porte les inscriptions suivantes : IIIᵉ CENTENAIRE DE QUÉBEC — 1908, et, en outre, le nom de la Famille qui a reçu la décoration.

Le ruban, qui a été l'objet d'une fabrication spéciale à Saint-Étienne, France, est en soie moirée rose, rayée dans sa longueur de deux lignes larges, dorées.

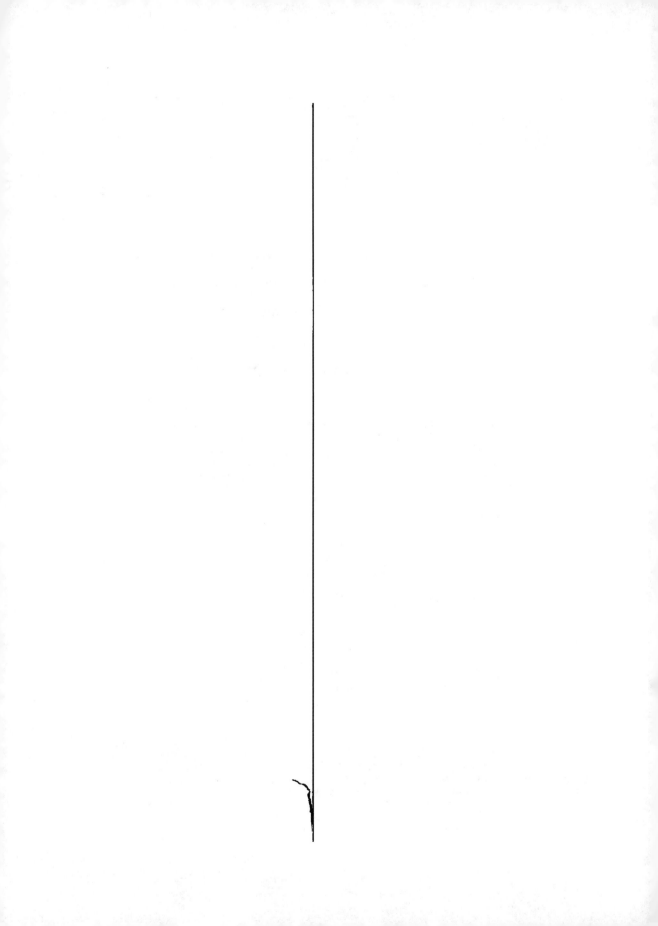

Liste des Familles de la province de Québec dont les descendants occupent (en 1908) la terre ancestrale depuis 200 ans ou plus [1]

Famille ARCAND

Etablie à Lachevrotière de Deschambault, comté de Portneuf, vers 1690

1.—Simon, fils d'Antoine et de Jeanne Poulet, de Sainte-Croix, Bordeaux, marié en 1687, à Marie-Anne Isnard.
2.—Joseph,   "   1718, à Marie-Rénée Chartier.
3.—Joseph,   "   1763, à Marie-Louise Naud.
4.—Pierre,   "   1797, à Marguerite Delisle.
5.—François,   "   1827, à Anastasie Bouillé
6.—Charles,   "   1853, à Elmire Toussaint.
7.—Alfred,   "   1896, à Valéda Mayrand.

Famille ASSELIN

Etablie à Saint-François, Ile d'Orléans, vers 1679

1.—David, de Baragmond, évêché de Rouen, marié en 1658, à Catherine Baudard.
2.—Pierre,   marié en 1679, à Louise Baucher.
3.—François,   "   1719, à Marguerite Amaury.
4.—Basile,   "   1756, à Anne Couture.
5.—Pierre,   "   1799, à Marie Drouin.
6.—Pierre,   "   1824, à Anne Martineau.
7.—Frs-Xavier,   "   1851, à Claudine Létourneau.
8.—Frs-Xavier,   "   1875, à Cédulie Létourneau.

---

[1] Le Comité des Anciennes Familles a contrôlé, autant que possible, l'exactitude de tous les détails de noms et de dates qui lui ont été fournis. Toutefois, ne voulant pas engager sa responsabilité au delà de certaines limites, le Comité reconnaît que, malgré ses soins, il a pu se glisser quelques erreurs dans la préparation de cette Liste.

Ce tableau donne en même temps l'ordre des générations qui se sont succédé jusqu'au dernier possesseur du patrimoine ancestral, la date du mariage et les noms des conjoints.

Famille AUBIN

Etablie à Saint-Apollinaire, comté de Lotbinière, en 1708

1.—Michel, de Tourouvre, au Perche, marié en 1670, à Marie Provost.
2.—Pierre,   marié en 1693, à Marie Paradis.
3.—Joseph,   "   1740, à Charlotte Fréchette.
4.—Jean-Bte,   "   1768, à Thérèse Boucher.
5.—Joseph,   "   1816, à Madeleine Carrier.
6.—Louis,   "   1852, à Desanges Moreau.
7.—Louis,   "   1886, à Marie-Delima Daigle.
8.—Eugène,   "   1895, à Alphonsine Cloutier.

Famille AUGER

Etablie à Saint-Louis, de Lotbinière, avant 1692

1.—Jean, marié en 1650, à Louise Grisard.
2.—Louis,   "   1691, à Antoinette Barabé.
3.—Louis,   "   1726, à Elizabeth Houde.
4.—Jean-Baptiste, "   1751, à Louise Tousignant.
5.—Jean-Baptiste, "   1780, à Félicité Benoit.
6.—Joseph,   "   1807, à Mad. Blais.
7.—Joseph,   "   1833, à Suzanne Mazot.
8.—Hospice,   "   1871, à Prépède Choquette.

Famille AUGER

Etablie en 1709, à la Pointe-aux-Trembles, comté de Portneuf

1.—Pierre, de Livourne, diocèse de Bordeaux, marié en 1698, à Elizabeth Dagenais.
2.—Réné,   marié en 1710, à Elizabeth Constantineau.
3.—Michel,   "   1° 1751, à Thérèse Liénard.
              2° 1770, à Marie-Louise Houle.
4.—Joseph,   "   1811, à Cécile Constantin.
5.—Joseph,   "   1838, à Marcelline Matte.
6.—Napoléon, "   1876, à Marie-Philomène Garneau.
7.—Philippe.

Famille BAUCHER dit MORENCY

Etablie à Sainte-Famille, Ile d'Orléans, en 1698

1.—Guillaume, de Montmorency, France, marié en 1656, à Marie Paradis.
2.—Joseph-Marie, marié en 1698, à Marthe Lemieux.
3.—Basile,   "   1733, à Josephte Dion.
4.—Alexandre,   "   1777, à M.-Anne Leclerc.
5.—Jean,   "   1807, à Félicité Martineau.
6.—François,   "   1842, à M.-Isabelle Létourneau.
7.—Frs-Xavier,   "   1852, à M.-Esther Larivée.

Famille BEAUDET

Etablie à Saint-Louis, de Lotbinière, vers 1680

1.—Jean, de Blanzais, évêché de Poitiers, marié en 1670, à Marie Grandin.
2.—Michel,   marié en 1719, à Thérèse Pérusse.
3.—Jean-Baptiste,   "   1740, à Charlotte Tousignant.
4.—Jean-Baptiste,   "   1765, à Catherine Hubert.
5.—Amable,   "   1818, à Félicité Chabot.
6.—Eloi.   "   1854, à Emilie de Villers.

Famille BEAUDOIN

Etablie à Repentigny, Montréal, vers 1675

1.—Jean,   marié en 1663, à Charlotte Chauvin.
2.—François,   "   1702, à Anne Frenay.
3.—Pierre,   "   1° 1748, à M.-Rosalie Daoust.
                2° 1762, à Marguerite Baudry.
                3° 1769, à Charlotte Baudry.
4.—Raymond,   "   1801, à M.-Rénée Guertin.
5.—Pierre,   "   1829, à Marguerite Hêtu.
6.—Ernestine, épouse de Edmond Robillard, de St-Paul l'Ermite.

Famille BEAULAC dit LEFEBVRE

Etablie en 1702, à la Baie-du-Febvre, comté de Nicolet

1.— Pierre, marié en 1644, à Jeanne Aunois.
2.—Jacques,   "   1670, à Marie Beaudry.
3.—Joseph,   "   1731, à Catherine Messier.
4.—Joseph,   "   1764, à Julie Chateauvieil dit Gamelin.
5.—René,   "   1809, à Josephte Castel.
6.—Olivier,   "   1849, à Apolline Dion.
7.—Olivier,   "   1883, à Adélia Boucher.

Famille BEAUMONT

Etablie à Charlesbourg, Québec, en 1674

1.—Vincent, du bourg de Bray, évêché de Poitiers, marié en 1674,
      1° à Marie Gongeauté ; 2° en 1692, à Marguerite Fasche.
2.—Pierre, marié en 1722, à Marie-Anne-Jean Godon.
3.—Joseph,   "   1766, à Marguerite Paradis.
4.—Jacques,   "   1769, à Josephte Paradis.
5.—Jacques,   "   1803, à Agathe Pageot.
6.—Pierre,   "   1841, à Josephte Magnan.
7.—Pierre,   "   1877, à Marie Renaud.

Famille BEDARD

Etablie à Charlesbourg, Québec, en 1666

1.—Isaac, de Saint-Sulpice de Paris, marié en 1645, à Marie Girard.
2.—Jacques,　　　marié en 1666, à Elizabeth Doucinet.
3.—François,　　　"　　1712, à Marguerite Cœur.
4.—François-Michel, "　　1734, à Jeanne Savard.
5.—Joseph,　　　"　　1785, à Françoise Pageot.
6.—Jean-Baptiste　　"　　1814, à Angélique Jobin.
7.—Joseph Urbain　　"　　1844, à Olivette Bédard.
8.—Joseph-Arthur　　"　　1901, à Elizabeth-Mathilde Gosselin.

Famille BEDARD

Etablie à Charlesbourg, Québec, en 1666

1.—Isaac, de Saint-Sulpice de Paris, marié en 1645, à Marie Girard.
2.—Jacques, marié en 1666, à Elizabeth Doucinet.
3.—François,　　"　　1712, à Marguerite Cœur.
4.—Frs-Michel,　"　　1734, à Jeanne Savard.
5.—Joseph,　　"　　1785, à Françoise Pageot.
6.—J.-Baptiste,　"　　1714, à Angélique Jobin.
7.—J.-Urbain,　　"　　1844, à Olivette Bédard.
8.—Alphonse,　　"　　1873, à Euphémie Proulx.

Famille BEDARD

Etablie à Charlesbourg, Québec, en 1666

1.—Isaac, de Saint-Sulpice de Paris, marié en 1645, à Marie Girard.
2.—Louis,　　　marié en 1673, à Madeleine Huppé.
3.—Bernard,　　"　　1713, à Marguerite Parent.
4.—Charles,　　"　　1753, à Marie-Josephte Jobin.
5.—Charles-Thomas, "　　1801, à Charlotte Bouret.
6.—Pierre,　　"　　1852, à Marcelline Ampleman.
7.—Ismaël.

Famille BEDARD

Etablie à Charlesbourg, en 1666

1.—Isaac, de Saint-Sulpice de Paris, marié en 1645, à Marie Girard.
2.—Jacques,　　　marié en 1666, à Elizabeth Doucinet.
3.—Jacques,　　"　　1702, à Jeanne Renaud.
4.—Jean-Baptiste,　"　　1747, à Thérèse Leroux.
5.—Jean-François,　"　　1775, à Josephte Auclair.
6.—Clément,　　"　　1820, à Marie Julien.
7.—Clément,　　"　　1853, à Léocadie Bédard.
8.—Onésime,　　"　　1894, à Joséphine Bédard.

Famille BEGIN

Etabliè à Saint-Antoine, de Bienville, Lévis, en 1655

1.—Louis, de Liénard, évêché de Lizieux, marié en 1668, à Jeanne Durand.
2.—Jacques, marié en 1722, à Geneviève Rochon.
3.—Jacques, " 1754, à Charlotte Samson.
4.—Augustin, " 1798, à Elizabeth Carrier.
5.—J.-Baptiste, " 1833, à Sara Foisy.
6.—Pierre, célibataire.

Famille BEGIN

Etablie dans la seigneurie de Lauzon, Lévis, en 1655

1.—Louis, de Liénard, évêché de Lizieux, marié en 1668, à Jeanne Durand.
2.—Jean-Baptiste, marié en 1714, à Louise Carrier.
3.—Jean-Baptiste, " 1739, à Marie-Louise Bourassa.
4.—Jean-Baptiste, " 1763, à Marie-Rose Nolin.
5.—Etienne, " 1796, à Félicité Guay.
6.—Etienne, " 1839, à Angélique Guay.
7.—Désiré, " 1871, Elise Bacquet dit Lamontagne.

Famille BEGIN

Etablie à Bienville, seigneurie de Lauzon, Lévis, en 1655

1.—Louis, de Liénard, évêché de Lizieux, marié en 1668, à Jeanne Durand.
2.—Jean-Baptiste, marié en 1714, à Louise Carrier.
3.—Jean-Baptiste, " 1750, à Gertrude Pouliot.
4.—Ambroise, " 1778, à Marguerite Carrier.
5.—Ambroise, " 1804, à Angélique Guay.
6.—{ Isidore, snr, " 1845, à Olive Bourget.
{ Philéas, jnr, " 1875, à Luce Samson.

Famille BEGIN

Etablie à Bienville, Lévis, en 1655

1.—Louis, de Liénard, évêché de Lizieux, marié en 1668, à Jeanne Durand.
2.—Jean-Baptiste, marié en 1714, à Louise Carrier.
3.—Jean-Baptiste, " 1739, à Marie-Louise Bourassa.
4.—Jean-Baptiste, " 1763, à Marie-Rose Nolin.
5.—Etienne, " 1796, à Félicité Guay.
6.—Louis, " 1829, à Marie-Josephte Samson.
7.—Louis, " 1859, à Angélique Lecours.

Famille BELANGER

Etablie à Beauport, comté de Québec, en 1660

1.—François, de Touque, en Normandie, marié en 1637, à Marie Guyon.
2.—Nicolas,   marié en 1660, à Marie De Rainville.
3.—Nicolas,   "   1699, à Marie Magnan
4.—Joseph Marie,   "   1763, à Marie Louise Trudel.
5.—Pierre,   "   1790, à Louise Bourré.
6 —Pierre,   "   1830, à Madeleine Bergeron
7.—Elie,   "   1860, à Philomène Langevin.
8 —Napoléon,   "   1902, à Edwige Gagnon.

Famille BELANGER

Etablie vers 1680, à Saint-Eugène de l'Islet

1.—François, de Touque, en Normandie, marié en 1637, à Marie Guyon.
2.—Louis,   marié en 1682, à Marguerite Lefrançois.
3 —Pierre-Paul,   "   1724, à Geneviève de Lessard.
4.—Gabriel,   "   1758, à Victoire Bernier.
5.—Prosper,   "   1812, à Reine Bélanger.
6.—Prosper,   "   1834, à Geneviève Caron.
7.—Alfred,   "   1870.

Famille BELANGER

Etablie à l'Islet, vers 1680

1 —François, de Touque, en Normandie, marié en 1637 à Marie Guyon.
2.—Louis,   marié en 1682, a Marguerite Lefrançois
3.—Pierre Paul,   "   1724, à Geneviève de Lessard.
4.—Gabriel,   "   1758, à Victoire Bernier.
5 —Prosper,   "   1812, a Reine Bélanger.
6.—Eug. Antoine   "   1839, à Esther Bélanger
7.—Edmond,   "   1877, à Julie Thibault.

Famille BELANGER

Etablie à Saint Eugène, comté de L'Islet, en 1682

1.—François, de Touque, en Normandie, marié en 1637, à Marie Guyon.
2.—Louis, seigneur de l'Islet, marié en 1682, à Marguerite Lefran-
3.—Pierre-Paul, marié en 1724, à Geneviève de Lessard.   [çois.
4 —Gabriel,   "   1758, à Victoire Bernier.
5.—Jean-Baptiste-Prosper, marié en 1812, à Marie-Reine Bélanger.
6.—Jean-Baptiste-Prosper,   "   1834, à Geneviève Caron
7.—Alfred,   "   1870, a Rose de Lima Kirouac.
8.—Wilfrid,   "   1902, à Clémentine Thibault.

Famille BELANGER

Etablie à l'Ange-Gardien, en 1691

1.—François, de Touque, en Normandie, marié en 1637, à Marie Guyon.
2.—Charles, marié en 1663, à Barbe Cloutier.
3.—François,　"　　1689, à Catherine Voyer.
4.—Louis,　　"　　1720, à Marie-Anne Paré.
5.—Claude,　　"　　1753, à Marie Vézina.
6.—Claude,　　"　　1791, à Marguerite Vézina.
7.—Louis,　　"　　1825, à Luce Roy.
8.—Augustin,　"　　1856, à Salomé Giroux.
9.—Théophile,　"　　1901, à Lumina Laberge.

Famille BELANGER

Etablie à l'Islet, vers 1700

1.—François, de Touque, en Normandie, marié en 1637, à Marie Guyon.
2.—Jean-François, marié en 1699, à Geneviève Thibault.
3.—Jean-François,　　"　　1732, à Josephte Belleau.
4.—Louis-François,　　"　　1768, à Josephte Caron.
5.—Louis-Marie,　　"　　1797, à Marie Normand.
6.—Pierre,　　　"　　1839, à Elizabeth Bernier.
7.—Onésime,　　"　　1869, à Alexine Vaillancourt.
8.—Joseph,　　　"　　1903, à Léa Paradis.

Famille BELLEMARE-GELINAS

Etablie à Yamachiche, comté de Saint-Maurice, en 1706

1.—Etienne, marié 1° en 1644, à Huguette Robert ; 2° en 1682, à Marie de Beauregard.
2.—Jean,　　　marié en 1670, à Françoise de Charmenil.
3.—Jean-Baptiste,　"　　1706, à Jeanne Boissonnault.
4.—Jean-Baptiste,　"　　1746, à Françoise Lesieur Desaulniers.
5.—Joseph,　　　"　　1772, à Marie-Josephte Leblanc.
6.—François,　　"　　1814, à Marguerite Vacher dit Lacerte.
7.—Honoré,　　"　　1854, à Rose de Lima Bellemare.
8.—Origène Bellemare.

Famille BERGERON

Etablie à Saint-Nicolas, Lévis, en 1672

1.—André,　marié en 1674, à Marguerite Dumay.
2.—Joseph,　　"　　1723, à Marguerite Dussault.
3.—Michel,　　"　　1760, à Marie Demers.
4.—Louis,　　"　　1794, à Louise Rousseau.
5.—Louis,　　"　　1819, à Rose Olivier.
6.—Célina,　　"　　1875, à Pierre St-Pierre.

Famille BERGERON

Etablie en 1672, à Saint-Nicolas, comté de Lévis

1.—André,   marié en 1674, à Marguerite Dumay ou Demers.
2.—Joseph,   "   1723, à Marguerite Dussault.
3.—Michel,   "   1760, à Marie Demers.
4.—Louis,   "   1794, à Rénée Rousseau.
5.—Louis,   "   1819, à Rose Olivier.
6.—Marie Des Anges, "   1818, a Elzéar Morin.

Famille BERGERON

Etablie à Saint-Antoine, comté de Lotbinière, en 1707

1.—André,   marié en 1674, à Marguerite Dumay.
2.—Jean,   "   1° 1689, à Marguerite Guernon.
                         2° 1719, à Madeleine Bourassa
3.—Jacques,   "   1740, à Marie-Louise Lambert.
4.—Jacques,   "   1° 1766, à Charlotte Houde.
                         2° 1779, à Angélique Loignon.
5.—Augustin,   "   1812, à Angélique Bergeron.
6.—Augustin,   "   1848, à Hermine Bourré
7.—Charles,   "   1873, à Elzire Lafleur.

Famille BERGERON

Etablie en 1707, à Saint-Antoine, comté de Lotbinière

1.—André,   marié en 1674, à Marguerite Dumay.
2.—André,   "   1698, à Marie Guernon.
3.—Joseph,   "   1732, à Marie Croteau.
4.—Jacques,   "   1764, à Marie Françoise Rondeau.
5.—Pierre   "   1792, a Marie Charlotte Dussault.
6.—Antoine,   "   1° 1826, à Louise Genest
                         2° 1837, à Dorothée Dussault
7.—Xénophon,   "   1874, à Euphémie Sévigny.
8.—Edgar,   "   1905, à Marie Picard.

Famille BERNIER

Etablie en 1673, au Cap Saint-Ignace, comté de Montmagny

1.—Jacques dit Jean de Paris, de Saint-Germain, d'Auxerre, marié
       en 1656, à Antoinette Grenier.
2.—Charles,   marié en 1694, à Marie-Anne Lemieux.
3.—Augustin,   "   1734, a Angélique Buteau
4.—Jean-Bte-Prosper, "   1777, à Marie Marguerite Jolicœur
5.—Jean Bte-Prosper, "   1803, à Marie-Victoire Dionne.
6.—Jean-Bte-Prosper, "   1834, à Eléonore Bernier.
7.—Théophile,   "   1861, à Euphrosie Langelier.
8.—Alphonse,   "   1891, à Amanda Guimont.

Famille BERTHIAUME

Etablie à Sainte-Foy, Québec, vers 1664

1.—Jacques,   marié en 1670, à Catherine Bonhomme.
2.—Noël,   "   1704, à Françoise Girard.
3.—Noël,   " 1° 1733, à Ursule Samson.
                        2° 1751, à Catherine Maufait.
4.—Noël-Joseph,   "   1758, à Angélique Piton.
5.—Joseph,   " 1° 1793, à Marie Berthiaume.
                        2° 1836, à Marguerite Bédard.
6.—Joseph,   "   1875, à Victoria Belleau.
7.—Joseph-Eugène, "   1901, à Délina Ratté.

Famille BERTHIAUME

Etablie à Sainte-Foy, comté de Québec, vers 1664

1.—Jacques,   marié en 1670, à Catherine Bonhomme.
2.—Noël,   " 1° 1733, à Ursule Samson.
                        2° 1751, à Catherine Maufait.
3.—Joseph,   "   1772, à Angélique Maufait.
4.—Charles,   "   1808, à Rose Gingras.
5.—François-Xavier, "   1858, à Eléonore Montreuil.
6.—François-Xavier, " 1°   à Georgiana Beaudet.
                        2° 1904, à Célina Piché.
7.—George,   "   1900, à Marie Robitaille.

Famille BERTRAND dit ST-ARNAUD

Etablie à Batiscan, comté de Champlain, en 1708

1.—Paul, de la Madeleine, évêché d'Evreux, marié en 1697, à Gabrielle Baribault.
2.—Paul, marié en 1725, à Josephte Juineau.
3.—Michel,   "   1742, à Geneviève Rivard dit Lacoursière.
4.—Louis,   "   1802, à Madeleine St-Arnaud.
5.—Olivier, "   1847, à Marie Queny.
6.—Léopold, "   1893, à Eugénie Brousseau.

Famille BERTRAND dit ST-ARNAUD

Etablie à Batiscan, comté de Champlain, en 1708

1.—Paul, de la Madeleine, évêché d'Evreux, marié en 1697, à Gabrielle Baribault.
2.—Paul, marié en 1725, à Josephte Juineau.
3.—Michel,   "   1742, à Geneviève Rivard dit Lacoursière.
4.—Louis,   "   1802, à Madeleine St-Arnaud.
5.—Michel,   "   1836, à Luce Massicotte.
6.—Firmin,   "   1872, à Philomème Massicotte.

Famille BERTRAND dit ST-ARNAUD

Etablie à Batiscan, comté de Champlain, en 1708

1.—Paul, de la Madeleine, évêché d'Evreux, marié en 1697, à Gabrielle Baribault
2 —Jean-Baptiste, marié en 1734, à Josephte Bronsard.
3 —Laurent,   " 1° 1767, à Madeleine Tiffaut
                     2° 1782, à Madeleine Trépanier.
4.—Laurent,   "   1813, à Pélagie Lafond.
5.—Joseph,   "   1839, à Angele Massicotte.
6 —Napoléon,   " 1° 1870, à Jessé Tiffaut
                     2° 1882, à Eléonore Marchand.
                     3° 1892, a Marie Anne Grammont

Famille BERTRAND dit ST-ARNAUD

Etablie en 1711, à Batiscan, comté de Champlain

1.—Paul,   marié en 1697, à Gabrielle Baribault.
2 —Jean-Baptiste,   "   1734, à Josephte Bronsard
3 —Laurent,   " 1° 1767, à Madeleine Tiffaut.
                   2° 1782, à Madeleine Trépanier.
4.—Laurent,   "   1813, à Pélagie Lafond.
5.—Joseph,   "   1839, à Angèle Massicotte.
6.—Albert,   "   1884, à Méléda Pronovost.

Famille BERUBE

Etablie à la Rivière Ouelle, comté de Kamouraska, en 1679

1.—Damien, de Rochefort, évêché de Rouen, marié en 1679, à Jeanne Sauvenier.
2.—Mathurin, marié en 1712, à Angélique Miville.
3 —Pierre,   "   1749, à Charlotte Levesque.
4.—Pierre,   "   1779, à Anne Mignier.
5.—Joseph,   "   1815, a Adélaide Miville Deschènes.
6.—Joseph,   "   1847, à Adeline Baucher.
7.—Louis,   "   1879, à Célanire Roy

Famille BLAIS

Etablie en 1707, à Berthier, comté de Montmagny.

1.—Pierre, de Dam, évêché d'Angoulême, marié 1° en 1669, à Anne Perrot ; 2° en 1689, à Elizabeth Royer.
2.—Pierre,   marié en 1695, à Françoise Baudoin.
3.—Joseph,   "   1732, à Elizabeth Michon.
4.—Jean-Baptiste,   "   1806, à Catherine Bélanger.
5 —Nazaire,   "   1846, à Agnès Langlois.
6.—Pierre-Eugène (neveu), " 1881, à Philomène Roberge.
7.—Edmond,   "   1903, à Laure Galibois.

Famille BLOUIN

Etablie à Saint-Jean, Ile d'Orléans, en 1669

1.—Médéric, de Saint-Pierre, évêché de Luçon, France, marié en 1669, à Marie Carreau.
2.—Gabriel, marié en 1713, à Catherine Jahan,
3.—René,   "   1756, à Marie-Josephte Plante.
4.—René,   "   1786, à Geneviève Terrien.
5.—Emery,   "   1817, à Marie Audibert.
6.—Charles,   "   1860, à Madeleine Pouliot.
7.—François,   "   1887, à Joséphine Turcotte.

Famille BLOUIN

Etablie à Château-Richer, Montmorency, en 1669

1.—Médéric, de Saint-Pierre, évêché de Luçon, marié en 1669, à Marie Carreau.
2.—Gabriel, marié en 1713, à Catherine Jahan.
3.—François,   "   1755, à Hélène Leclerc.
4.—Joseph,   "   1788, à Josephte Cochon dit Laverdière.
5.—Gabriel,   "   1825, à Angélique Thivierge.
6.—François,   "   1837, à Christine Blouin.
7.—Joseph,   "   , à Joséphine Marquis.
8.—Emile,   "   , à Lætitia Hébert.

Famille BOISJOLI-LIENARD

Etablie à la Pointe-aux-Trembles, comté de Portneuf, en 1691

1.—Sébastien de Saint-Dié, ville de Saint-Michel, en Lorraine, marié en 1655, à Françoise Pelletier.
2.—Ignace, marié en 1691, à Marianne Leduc.
3.—Ignace,   "   1719, à Thérèse Cocquin.
4.—J.-Thierry,   "   1756, à Angélique Dubuc.
5.— { Louis,   "   1795, à Angélique Auger.
     { Joseph,   "   1799, à Marie Auger.
6.—Frs-Xavier,   "   1822, à Esther Auger.
7.—Louis,   "   1873, à Obéline Soulard.

Famille BOISJOLI-LIENARD

Etablie à la Pointe-aux-Trembles, comté de Portneuf, vers 1700

1.—Sébastien, de Saint-Dié, ville de Saint-Michel, en Lorraine, marié en 1655, à Françoise Pelletier.
     Ignace, marié en 1691, à Marie-Anne Leduc.
2.—Ignace,   "   1711, à Thérèse Cocquin.
3.—Thierry,   "   1756, à Angélique Dubuc.
4.—Thierry,   "   1795, à Marie-Louise Matte.
5.—Joseph,   "   1799, à Marie-Geneviève Hardy.
6.—Joseph,   "   1° 1825, à Léocadie Dubuc.
                   2°   , à Angèle Genest.
7.—Joseph,   "   1885, à Luce Langlois.

Famille BOLDUC

Etablie à Saint-Joachim, comté de Montmorency, en 1697

1.—Louis, procureur du Roi, de Saint-Benoît, évêché de Paris, marié en 1668, à Elizabeth Hubert
2.—Louis, marié en 1697, à Louise Caron.
3.—Paul, " 1738, à Marthe Racine.
4.—Paul, " 1770, à Geneviève Fortin.
5.—Jean, " 1809, à Louise Lessard.
6.—George, " 1846, à Esther Terrien.
7.—Joseph, " 1891, à Eléonore Emond.

Famille BOURASSA

Etablie à Saint-David, comté de Lévis, en 1666

1.—Jean, de Saint-Fulgent, évêché de Luçon, marié 1° en 1665, à Perette Vallay ; 2° en 1776, à Catherine Poitevin.
2.—François, marié en 1715, à Marguerite Jourdain.
3.—Michel, " 1751, à Marie-Louise Dussault.
4.—Joseph, " 1791, à Louise Carrier.
5.—Michel, " 1818, à Marie-Josephte Cantin.
6.—Joseph, " 1842, à Emélie Bourassa.
7.—Edouard, " 1886, à Mary Murphy.

Famille BOURBEAU dit BEAUCHESNE

Etablie à Bécancour, comté de Nicolet, vers l'an 1700

1.—Simon, marié en 1656, à Françoise Letartre.
2.—Pierre, " 1678, à Anne Besnard.
3.—Pierre, " 1° 1705, à Marie-Anne Samson.
2° 1713, à Thérèse Carpentier.
3° 1729, à Louise Massicotte.
4.—François, " 1739, à Charlotte Béland.
5.—François, " 1769, à Clémence Pratte.
6.—Bonaventure, " 1790, à Françoise Leblanc
7.—Charles, " 1810, à Marie Leblanc.
8.—Joseph, " 1831, à Anne-Zoé Gingras.
9.—David, " 1868, à Marguerite Kelly.
10.—Calixte, " 1895, à Flore Bellefeuille.

Famille BOURBEAU dit BEAUCHESNE

Etablie à Bécancour, comté de Nicolet, en 1703

1.—Simon, marié en 1656, à Françoise Letartre
2.—Pierre, " 1678, à Anne Besnard.
3.—Pierre, " 1705, a Marie Anne Samson.
4.—François, " 1739, à Charlotte Béland
5.—François, " 1760, à Clémence Pratte.
6.—Bonaventure, " 1790, à Françoise Leblanc.
7.—Antoine, " 1815, à Josephte Leblanc.
8.—George, " 1848, à Marceline Reau.
9.—Edouard, " 1875, à Joséphine Ricard.

Famille BOURBEAU dit BEAUCHESNE

Etablie à Bécancour, comté de Nicolet, vers l'an 1700

1.—Simon,   marié en 1656, à Françoise Letartre.
2.—Pierre,   "   1678, à Anne Besnard.
3.—Pierre,   "   1° 1705, à Marie-Anne Samson.
                       2° 1713, à Thérèse Carpentier.
                       3° 1729, à Louise Massicotte.
4.—François,   "   1739, à Charlotte Béland.
5.—François,   "   1769, à Clémence Pratte.
6.—Bonaventure,   "   1790, à Françoise Leblanc.
7.—Bonaventure,   "   1802, à Angèle Bellefeuille.
8.—Moïse,   "   1832, à Sophie Levasseur.
9.—Joseph,   "   1867, à Philomène Dubois.
10.—Denis,   "   1896, à Aurélie Champoux.

Famille BOURÉ dit LEPINE

Etablie en 1668, à Charlesbourg, Québec

1.—Gilles, de Tourouvre, au Perche, marié en 1673, à Marie Belle-
2.—François,   marié 1° en 1705, à Marie-Anne Paradis.   [Hache.
                    2°   1709, à Suzanne Proteau.
3.—Henri,   "   1734, à Madeleine Chalifour.
4.—Prisque,   "   1775, à Marie-Louise Bédard.
5.—Prisque,   "   1808, à Angélique Sansfaçon.
6.—Joseph,   "   1° 1842, à Marie-Maxima Giroux.
                   "   2° 1859, à Sophie Villeneuve.
7.—Joseph-Octave, "   1875, à Domitille Sansfaçon.

Famille BOUTET dit LEBŒUF

Etablie à Saint-Ambroise, Québec, vers 1687

1.—Pierre - Jean, de Coulonges-Royaux, évêché de Larochelle, marié
    en 1687 à Marie Guérin.
2.—Julien, marié en 1729, à Marguerite Girard.
3.—Pierre,   "   1775, à Marie Bergevin.
4.—Louis,   "   1814, à Josephte Blondeau.
5.—Louis,   "   1852, à Elizabeth Savard.
6.—Narcisse,   "   1° 1881, à Emilie Duchesneau.
                    2° 1900, à Luce Tremblay.

Famille BRETON

Etablie à Sainte-Famille, Ile d'Orléans, en 1669

1.—HÉLIE dit BRETON, Jean, marié en 1669, à Anne Labbé.
2.—Jacques, marié en 1715, à Marie-Louise Lacasse.
3.—Joseph,   "   1744, à Madeleine Thivierge.
4.—Joseph,   "   1770, à Joséphine Plante.
5.—Joseph,   "   1790, à Joséphine Potin.
6.—George.   "   1822, à Geneviève Lainé.
7.—George,   "   1848, à Eléonore Létourneau.
8.—Thomas,   "   1880, à Philomène Labrecque.

Famille CARBONNEAU dit PROVENÇAL

Etablie à Berthier, comté de Montmagny, en 1697

1.—Hespery, de D'hatte, en Provence, marié en 1672, à Marguerite Landry.
2.—Jacques,   marié en 1697, à Geneviève Martin.
3.—Jean-Baptiste,   "   1729, à Isabelle Lefebvre.
4.—Joseph-Marie,   "   1769, à Thérèse Blais.
5.—Joseph-Marie,   " 1° 1794, à Marguerite Beaucher.
                   2° 1808, à Thérèse Marcoux.
6.—Joseph,   " 1° 1824, à Geneviève Lessard.
                   2° 1835, à Elizabeth Blais.
                   3° 1843, à Thérèse Bilodeau.
7.—Joseph,   "   1856, à Odile Guillemette.
8.—Omer.   "   1889, à Amanda Roy.

Famille CARON

Etablie à Sainte-Anne-de-Beaupré, comté de Montmorency, en 1654

1.—Robert,   marié en 1637, à Marie Crevet.
2.—Robert,   "   1674, à Marie Cloutier.
3.—Augustin,   " 1° 1712, à Madeleine Gaulin.
                 2° 1740, à Josette Pepin.
4.—Ignace,   "   1750, à Elizabeth Audy.
5.—Ignace,   " 1° 1776, à Elisabeth Emond.
                 2° 1789, à Madeleine Fafard.
6.—Augustin,   "   1797, à Elizabeth Lessard.
7.—Narcisse,   "   1844, à Julie Trudel.
8.—Théodore,   "   1876, à Obéline Giguère.

Famille CARON

Etablie à Saint-Jean-Port-Joli, comté de l'Islet, en 1685

1.—Robert,   marié en 1637, à Marie Crevet.
2.—Joseph,   "   1686, à Elizabeth Bernier.
3.—Louis,   "   1727, à M.-Geneviève Lemieux.
4.—Charles,   "   1762, à Elizabeth Picard.
5.—François,   "   1804, à Louise Bernatchez.
6.—François-Etienne, "   1832, à Créance Côté.
7.—Barthélemy, "   1874, à Domitilde Caron.
8.—Léonce,   "   1905, à Albertine Dupont.

Famille CARPENTIER dit BAILLY

Etablie à Champlain, comté de Champlain, en 1681

1.—Noël,   marié en 1672, à Jeanne Toussaint.
2.—Médard,   "   1724, à Jeanne Provencher.
3.—Jean-Baptiste, "   1753, à Marie Durand.
4.—Réné (son neveu), " 1781, à Josephte Lepellé dit Lamothe.
5.—Jean-Baptiste, "   1808, à Marie-Louise Bigot Duval.
6.—Charles-Antoine, "   1840, à Judith Carpentier.
7.—Joseph-Narcisse, "   1883, à Arline Fugère.

Famille CARPENTIER dit BAILLY

Etablie à Champlain, comté de Champlain, en 1681

1.—Noël,   marié en 1672, à Jeanne Toussaint.
2.—Médard,   "   1724, à Jeanne Provencher.
3.—Jean-Baptiste, "   1753, à Marie Durand.
4.—Réné (son neveu), "   1781, à Josephte Lepellé.
5.—Jean-Baptiste, "   1808, à Marie-Louise Bigot Duval.
6.—Fabien,   "   , à Eléonore Langevin.
7.—Pierre,   " 1° 1861, à Henriette Laganière.
                           2° 1876, à Zoé Lahaye.

Famille CHABOT

Etablie à Saint-Pierre, Ile d'Orléans, en 1666

1.—Mathurin, de Sainte-Radegonde-la-Vineuse, évêché de Maille-zays, en Poitou, marié en 1661, à Marie Mésanges.
2.—Michel,   marié en 1690, à Angélique Plante.
3.—François-Marie, "   1730, à Ursule Ferland.
4.—Augustin,   "   1764, à Marguerite Noël.
5.—François,   "   1803, à Madeleine Turcotte.
6.—François,   "   1829, à Geneviève Couture.
7.—Marie,   "   1840, à Ulric Plante.

Famille CHAMPOUX dit SAINT-PER

Etablie à Bécancour, comté de Nicolet, vers 1700

1.—Pierre, de Saint-Germain d'Hémet, en Périgord, évêché de Péri-gueux, marié en 1680, à Geneviève Guillet.
2.—Jean,   marié en 1722, à M. Geneviève Bourbeau.
3.—Joseph,   "   1754, à Catherine Poisson.
4.—Amable,   "   1788, à Josette Deshaies.
5.—Amable,   "   1821, à Josephte Deshaies-Tourigny.
6.—Zéphirin, "   1865, à Délima Levasseur.
7.—Ulric,   "   1898, à Florentine Boisvert.

Famille CHARTIER dit DURAND

Etablie à Champlain, comté de Champlain, en 1681

1.—Pierre, de Blois, France, marié en 1673, à Jeanne Chartier.
2.—François,   "   1729, à Marie-Marguerite David.
3.—Joseph,   "   1769, à Geneviève Beaudoin.
4.—Jean-Baptiste, "   1807, à Marguerite Bailly.
5.—Joseph,   "   1864, à Caroline Dubord.
6.—Hormidas, "   1893, à Hélène Pothier.

Famille CHARTIER dit DURAND

Etablie en 1673, à Champlain

1.—Pierre, de Blois, France, marié en 1673, à Jeanne Chartier.
2 —François, marié en 1729, à Marie-Marguerite David.
3 —Joseph,   "   1769, à Marie-Geneviève Beaudoin.
4 —Joseph,   "   1795, à Judith Lamothe.
5 —Antoine,   "   1824, à Marie Turcotte.
6.—Laurent,   "   1857, à Eléonore Clermont.
7.—Laurent,   "   1899, à Marie Turcotte.

Famille CHARTIER-DURAND

Etablie à Champlain, vers 1673

1.—Pierre, de Blois, France, marié en 1673, à Jeanne Chartier.
2.—François,   marié en 1729, à Marguerite-David.
3.—Joseph,   "   1769, à Marguerite Geneviève Beaudoin.
4 —Jean-Baptiste, "   1807, à Marguerite Bailly.
5.—Honoré,   "   1839, à Marie-Lse Beaufort dit Brunel.
6.—Octave,   "   1874, à Georgiana Chartier.

Famille CHARTIER-DURAND

Etablie à Champlain, vers 1673

1.—Pierre, marié en 1673, à Jeanne Chartier.
2.—François, "   1729, à Marguerite David.
3.—Joseph,   "   1769, à Geneviève Beaudoin.
4.—Joseph,   "   1795, à Judith Lamothe.
5 —Edouard,   "   1826, à Josephte Rivard.
6.—Ovide,   "   1853, à Louise Dubord.
7.—Ephrem,   "   1882, à Jeanne Longval.

Famille CHATEAUNEUF

Etablie à Batiscan, comté de Champlain, en 1698

1.—Jean, marié en 1698, à Madeleine Trottier.
2.—Jean-Baptiste, marié en 1727, à Marie-Madeleine Rivard.
3.—Jean-Baptiste, "   1° 1763, à Marguerite Roy.
                       2° 1794, à Marguerite Bergeron.
4.—Léon,   "   1846, à Célanire Labissonnière.
5.—Louis,   "   1876, à Agnès Bouchard.

Famille CHOREL d'ORVILLIERS

Etablie à Champlain, comté de Champlain, en 1681

1.—François, sieur St-Romain, de Saint-Nice, évêché de Lyon, marié
    en 1663, à Anne Aubuchon.
2.—Jean François,   marié en 1711, à Marie Couillard.
3.—Pierre François, "   1746, à Elizabeth Montplaisir.
4.—François-Marie,   "   1780, à Marie-Charlotte Poisson.
5.—Antoine,   "   1823, à Mélanie Bigot.
6.—Antoine.

Famille CHOUINARD

Etablie en 1698, à Saint-Jean-Port-Joli, comté de l'Islet

1.—Jacques, de Beaumont-la-Rance, Province de Touraine, marié
    en 1692, à Louise Jean.
2.—Pierre, le jeune, marié 1° en 1727, à Geneviève Lizot.
                2°   1748, à Marie-Anne Pelletier.
3.—Jean-Marie,   "   1780, à Marie-Claire Leclerc.
4.—Julien,   "   1824, à Anastasie Mercier.
5.—H.-Julien,   "   1848, à E.-Célina Pelletier.
6.—H.-J.-J.-Baptiste, "   1884, à Marie-Louise-I. Juchereau-
                                       [Duchesnay.

Famille CLOUTIER

Etablie en 1677, à Château-Richer, comté de Montmorency

1.—Zacharie, marié en 1615, à Xainte Dupont.
2.—Charles,   "   1659, à Louise Morin.
3.—Zacharie, "   1710, à Agnès Bélanger.
4.—Zacharie, "   1742, à Geneviève Huot.
5.—Zacharie, "   1770, à Marie Gariépy.
6.—Zacharie, "   1826, à Agnès Cauchon.
7.—Edouard, "   1859, à Madeleine Cauchon.

Famille COTE

Etablie vers 1686, à l'Ange-Gardien, comté de Montmorency

1.—Jean,   marié en 1635, à Anne Martin.
2.—Jean,   " 1° 1669, à Anne Couture.
                    2° 1686, à Geneviève Verdon.
3.—Jean-Marie, "   1716, à Madeleine Huot.
4.—Ignace,   "   1791, à Louise Huot.
5.—Ignace (neveu), "   1846, à Angélique Drouin.
6.—Ignace,   "   1878, à Anastasie Vézina.
7.—Romuald.

Famille COTE

Etablie en 1695, à l'Ile-Verte, comté de Témiscouata

1.—Jean,   marié en 1635, à Anne Martin.
2.—Jean,   " 1° 1669, à Anne Couture.
                  2° 1686, à Geneviève Verdon.
3.—Jean-Baptiste, "   1695, à Françoise Choret.
4.—Jean-Baptiste, "   1720, à Geneviève Bernier.
5.—Jean-Baptiste, "   1755, à Elizabeth Lepage.
6.—Jean-Baptiste, "   1781, à Marie-Louise Côté.
7.—Barthélemy, "   1823, à Victoire Durand.
8.—Jean-Baptiste, "   1846, à Noël Maclure.

Famille COTE

Etablie à l'Ile-Verte, comté de Témiscouata, en 1695

1.—Jean,　　marié en 1635, à Anne Martin.
2.—Jean,　　" 1° 1669, à Anne Couture.
　　　　　　　2° 1686, à Geneviève Verdon.
3.—Jean-Baptiste, "　1695, à Françoise Choret.
4.—Prisque,　" 　1720, à Ursule Bernier.
5.—Prisque,　" 　1755, à Marie Geneviève Lepage.
6.—Louis,　　" 1° 1779, à Brigitte Albert
　　　　　　　2° 1806, à Judith Vaillancourt.
7.—Napoléon,　" 　1844, à Ophédie Déchène.
8.—Charles,　" 　1901, à Georgine Dumont.

Famille COTE

Etablie à l'Ile-Verte, comté de l'Islet, en 1695

1.—Jean,　　marié en 1635, à Anne Martin.
2.—Jean,　　" 1° 1669, à Anne Couture.
　　　　　　　2° 1686, à Geneviève Verdon.
3.—Jean-Baptiste,　"　1695, à Marie-Charlotte Choret.
4.—Gabriel,　　"　1740, à Marguerite Lebel.
5.—Gabriel,　　"　1768, à Elizabeth Vaillancourt.
6.—Gabriel,　　"　1795, à Thérèse Asselin.
7.—Magloire,　　"　1845, à Obéline Côté.
8.—Alfred,　　"　1870, à Hermine Dion.

Famille COTE

Etablie vers 1698, à Saint Thomas, comté de Montmagny

1.—Jean,　　marié en 1635, à Anne Martin.
2.—Jean,　　" 1° 1669, à Anne Couture.
　　　　　　　2° 1686, à Geneviève Verdon.
3.—Paul,　　"　1702, à Marie Bélanger.
4.—Jean-Baptiste, "　1760, à Mathilde Proulx.
5.—Isidore,　　"　1824, à Marie Couture.
6.—Jean-Baptiste, "　1854, à Virginie Bernier.
7.—Joseph,　　"　1904, a Azilda Castonguay.

Famille COTE

Etablie à Saint-Thomas, de Montmagny, en 1698

1.—Jean,　　marié en 1635, à Anne Martin.
2.—Louis,　　"　1662, à Elizabeth Langlois.
3.—Louis,　　"　1691, à Geneviève Bernier.
4.—Paul,　　"　1734, à Geneviève Langlois.
5.—Joseph,　　"　1767, à Elizabeth Bélanger.
6.—Joseph,　　" 1° 1788, à Elizabeth Fournier.
　　　　　　　2° 1811, à Marguerite Morin.
7.—Louis,　　"　1840, à Marie Picard.
8.—Octave,　　"　1870, à Séneville Joncas.

Famille COTE

Etablie à Saint-Thomas, de Montmagny, en 1698

1.—Jean,   marié en 1635, à Anne Martin.
2.—Louis,   "   1662, à Elizabeth Langlois.
3.—Louis,   "   1691, à Geneviève Bernier.
4.—Paul,   "   1734, à Geneviève Langlois.
5.—Joseph,   "   1767, à Elizabeth Bélanger.
6.—Joseph,   " 1° 1788, à Elizabeth Fournier.
                    2° 1811, à Marguerite Morin.
7.—Antoine,   "   1823, à Marie-Joséphine Proulx.
8.—Léon,   " 1° 1854, à Peuplaise Mathurin.
                    2° 1884, à Marguerite Joncas.
9.—Amédée,   " 1° 1890, à Marguerite Robin.
                    2° 1906, à Joséphine Boulet.

Famille COUILLARD-DUPUIS

Etablie à Saint-Thomas, de Montmagny, en 1669

1.—Guillaume,   marié en 1621, à Guillemette Hébert.
2.—Louis,   "   1653, à Geneviève Després.
3.—Louis,   "   1688, à Marie Fortin.
4.—Paul-C. Dupuis,   "   1732, à Marie-Josephte Couture.
5.—Jean-Baptiste,   "   1725, à Thérèse Bernier.
6.—Jean-Baptiste,   "   1798, à Christine Boucher.
7.—Louis,   "   1857, à M. Henriette Giasson.
8.—Louis-Absolon,   "   1884, à Lucette Bernatchez.

Famille COUILLARD-DUPUIS

Etablie à Saint-Thomas, de Montmagny, en 1669

1.—Guillaume,   marié en 1621. à Guillemette Hébert.
2.—Louis,   "   1653, à Geneviève Després.
3.—Louis,   "   1688, à Marie Fortin.
4.—Paul Couillard-Dupuis,   "   1732, à Marie-Josephte Couture.
5.—Jean Baptiste,   "   1725, à Thérèse Bernier.
6.—Jean-Baptiste,   "   1798, à Christine Boucher.
7.—Louis,   "   1857, à Marie-Hortense Lebel.
8.—Louis-Charles,   "   1871, à Emilie Talbot.

Famille CREVIER

Etablie à Saint-François-du-Lac, comté de Yamaska, en 1673.

1.—Christophe, de Saint-Jean, évêché de Larochelle, marié en 1635,
    à Jeanne Enard.
2.—Jean, seigneur de Saint-François, marié en 1663, à Marg. Hertel.
3.—Joseph,   marié en 1699, à Marie-Ang. Le Boulanger.
4.—Joseph,   "   1724, à Marie-Charlotte Lemaître.
5.—Charles-Etienne,   "   1760, à Angélique Gamelin.
6.—François-Xavier,   "   1802, à Isabelle Laforce.
7.—Louis,   "   1833, à Thérèse Cartier.
8. { Louis,   "   1867, à Marie-Georgiana Duguay.
   { Henri,   "   1865, à Elizabeth Forcier.

Famille CROTEAU

Etablie à Saint-Antoine, comté de Lotbinière, en 1691

1.—Vincent, marié en 1669, à Jeanne Godequin.
2.—Louis, " 1° 1695, à Marie-Louise Bordeleau
             " 2° 1721, à Angélique Gaudin.
3.—Jacques, " 1756, à Marie-Louise Rognon.
4.—Jacques, " 1794, à Marie-Thérèse Demers.
5.—Pierre, " 1824, a Rose Houde dit Desrochers.
6.—Calixte, " 1850, à Marguerite Desruisseaux.
7.—Egésippe, " 1875, a Julie Desrochers.
8.—Victorien, " 1906, à Laura Desrochers.

Famille DALLAIRE

Etablie à Saint François, Ile d'Orléans, en 1663

1.—Charles, de Saint-Philibert, évêché de Luçon, marié en 1663, à Catherine Lefebvre.
2.—Louis, marié en 1706, à Anne Gosselin
3 —Joseph, " 1745, à Marie-Louise Labbé.
4.—Louis, " 1803, a Marie Louise Pepin
5.—Louis, " 1850, à Catherine Allaire.
6.—Louis, " 1876, à Anna Dupuis.

Famille DeBLOIS dit GREGOIRE

Etablie à Sainte-Famille, Ile d'Orléans, comté de Montmorency, 1662

1.—Grégoire, marié en 1662, à Françoise Viger.
2.—François, " 1733, à Gertrude Veilleux.
3.—Basile, " 1762, à Marthe Lehou
4 —François, " 1799, à Thérèse Beaucher.
5.—Paul, " 1831, à Geneviève Drouin
6.—Paul, " 1857, à Basilisse Canac dit Marquis.
7.—Basile, " 1890, à Marie Delvina Bilodeau.

Famille DEBLOIS

Etablie vers 1689, à Saint-François, Ile d'Orléans

1.—Grégoire, de Champagne-Montoy, évêché de Poitiers, marié en 1662, à Françoise Viger.
2.—Jean, marié en 1688, à Françoise Rousseau.
3.—François, " 1733, à Gertrude Vérieul.
4.—Basile, " 1762, à Marthe Lehoux.
5.—François, " 1799, à Thérèse Baucher
6.—Barthelémy. " 1831, à Angèle Baucher.
7.—Barthelémy, " 1864, à Angèle Pepin dit Lachance.

Famille DEBLOIS

Etablie vers 1700, à Saint-François, Ile d'Orléans

1.—Grégoire, de Champagne-Montoy, évêché de Poitiers, marié en
   1662, à Françoise Viger.
2.—Jean,   marié en 1688, à Françoise Rousseau.
3.—François,   "   1° 1718, à Agathe Poulin.
               2° 1733, à Gertrude Vérieul.
4.—Basile   "   1762, à Marthe Lehoux.
5.—François,   "   1799, à Thérèse Baucher.
6.—Paul,   "   1831, à Geneviève Drouin.
7.—Paul,   "   1757, à Basilisse Canac-Marquis.
8.—Napoléon,   "   1899, à Rose de Lima Baucher.

Famille DEMERS dit DUMETS

Etablie à Saint-Romuald, Lévis, en 1666

1.—Jean, de Saint-Jacques, de Dieppe, marié en 1654, à Jeanne
   Vedié.
2.—Jean,   marié en 1696, à Jeanne Larrivée.
3.—Louis-Joseph, "   1735, à Geneviève Huart.
4.—Louis-Etienne, "   1774, à Marguerite Demers.
5.—Julien,   "   1803, à Geneviève Roberge.
6.—Benjamin,   "   1845, à Félicité Carrier.
7.—Joseph.

Famille DEMERS dit DUMETS

Etablie à Saint-Nicolas, comté de Lévis, en 1672

1.—Jean, de Saint-Jacques de Dieppe, marié en 1654, à Jeanne
   Vedié.
2.—Réné,   marié 1° en 1694, à Marie Dubois.
           2°   1713, à Madeleine De la Voye.
3.—Michel,   "   1733, à Marguerite Gagnon.
4.—Michel,   "   1766, à Marie Aubin.
5.—Joseph,   "   1803, à Catherine Baucher.
6.—François, "   1826, à Rose Grégoire.
7.—François, "   1859, à Léocadie Fréchette.
8.—Omer,   "   1904, à Vitaline Huard.

Famille DEMERS dit DUMETS

Etablie à Saint-Nicolas, comté de Lévis, en 1694

1.—Jean, de Saint-Jacques, de Dieppe, marié en 1654, à
   Jeanne Vedié.
2.—René, marié 1° en 1694, à Anne Dubois.
           2°   1717, à Magdeleine de la Voye.
3.—Michel,   "   1733, à Marguerite Gagnon.
4.—Michel,   "   1766, à Marie Charlotte Aubin.
5.—Michel,   "   1793, à Rosalie Faucher.
6.—Isaïe,   "   1833, à Olive Guay.
7.—Modeste, "   1° 1882, à Délima Gosselin.
               2° 1902,

Famille De SAINT-OURS

Seigneuresse de Richelieu, comté de Richelieu, depuis 1672

1.—Pierre, chevalier de Saint-Louis, marié en 1667, à Marie Mulois.
2.—Jean-Bte,   marié en 1705, à Marg. Legardeur de Repentigny.
3.—Pierre-Roch,   "   1745, à Charlotte de Bois-Hébert.
4.—Louis Roch,   "   1790, à Josephte Murray
5.—Roch-François,   "   1825, à Hermine Juchereau Duchesnay.
6.—Henriette-Aurélie, "   1868, à Jos.-A Dorion, C L.

Famille DESHAYES dit SAINT-CYR

1.—Pierre,   marié en 1676, à Marguerite Guillet.
2.—Augustin,   "   1732, à Céleste Bourbeau
3.—Antoine,   "   1774, à Françoise Massicotte
4.—Charles,   "   1811, à Marie-Aurélie Ducharme.
5.—Raymond,   "   1841, à Marie Rhéault.
6.—Télesphore,   "   1905, à Alphonsine Deshayes.

Famille DESROCHERS dit HOUDE

Etablie à Saint-Nicolas, comté de Lévis, en 1708.

1.—Louis, de Manou, au Perche, marié en 1655, à Madeleine Boucher.
2.—Louis,   marié en 1699, à Ursule Bisson.
3.—Joseph,   "   1726, à Anne Demers.
4.—Charles,   "   1758, à Françoise Bergeron
5.—Louis,   "   1794, à Rosalie Croteau.
6.—Edouard,   "   1840, à Théophile Lambert.
7.—Pantaléon,   "   1876, à Elmire Houde.

Famille DESROCHES dit TINON

Etablie à Saint-Augustin, comté de Portneuf, en 1670

1.—Emard, de la rivière " Des Roches ", évêché d'Angoulème, marié en 1670, à Aimée Roux.
2.—Charles, marié 1° en 1700, à Marie Bonnedeau
                2°   1729, à Françoise Demers.
3.—Charles,   "   1752, à Marie Françoise Rochon.
4.—Charles,   "   1797, à Brigitte Côté
5.—Hyacinthe, "   1840, a Marie Dion
6.—Hyacinthe, "   1884, à Euphrosine Lemieux.
7.—Dollard.

Famille DESROCHES dit TINON

Etablie à Saint-Augustin, comté de Portneuf, vers 1708

1.—Emard,   marié en 1670, à Aimée Roux.
2.—Charles,   "   1° 1700, à Marie Bonnedeau.
                2° 1729, à Françoise Demers.
3.—Charles,   "   1752, à Marie Françoise Rochon.
4.—Charles,   "   1797, à Brigitte Côté.
5.—Germain,   "   1841, à Esther Denis
6.—Jean,   "   1874, à Marie Cantin.
7.—Jean-Bte,   "   1902, à Eva Cantin.

Famille DESROCHES dit TINON

Etablie à Saint-Augustin, comté de Portneuf, en 1702

1.—Emard, de la rivière " Des Roches " évêché d'Angoulême, marié
    en 1670, à Aimée Roux.
2.—Jean,   marié en 1708, à Marguerite Amyot.
3.—Charles,   "   1738, à Thérèse Denis.
4.—Ambroise,   " 1° 1772, à Ursule McKarthy.
                2° 1775, à Geneviève Verret.
5.—Ambroise,   " 1° 1799, à Marie-Madeleine Rochon.
                2° 1804, à Catherine Côté.
5.—Ambroise,   "   1832, à Apolline Gaboury.
7.—Hilaire,   "   1863, à Adélaïde Rochette.
8.—Uldéric,   "   1904, à Zélia Julien.

Famille DION

Etablie en 1697, à Saint-François, Ile d'Orléans

1.—Jean,   marié en 1619, à Mathurine Robin.
2.—Claude,   "   1655, à Catherine Collin.
3.—Jean,   "   1688, à Marie Pepin.
4.—Claude,   "   1718, à Françoise Gagnon.
5.—Claude,   "   1744, à Geneviève Martineau.
6.—Joseph,   "   1771, à Madeleine Guérard.
7.—François,   "   1800, à Thècle Drouin.
8.—Jean-Baptiste, "   1842, à Hombeline Lepage.
9.—François-Xavier.

Famille DOLBEC

Etablie à Saint-Augustin, comté de Portneuf, en 1669

1.—François, de Notre-Dame d'Evreux, évêché de Bayeux, marié en
    1675, à Anne Masse.
2.—Louis-Joseph, marié 1° en 1733, à Marie Thibault.
              2°   1735, à Monique Robitaille.
3.—Gabriel,   "   1784, à Marie-Françoise Soulard.
4.—Benjamin,   " 1°   1817, à Charlotte Tardif.
              2°   1820, à Marie Doré.
5.—George,   "   1858, à Félicité Rochette.
6.—Wilbrod.

Famille DORE

Etablie à Saint-Augustin, comté de Portneuf, en 1669

1.—Louis, de Vivier, évêché d'Angoulême, marié en 1670, à Jeanne
    Fossé.
2.—Etienne,   marié en 1723, à Marie-Charlotte Morrisset.
3.—Etienne,   "   1751, à Angélique Trudel.
4.—Etienne,   "   1786, à Charlotte Vermette.
5.—Jean-Baptiste, "   1819, à Marie-Louise Girard.
6.—Bruno,   "   1855, à Marcelline Trudel.
7.—Aurèle,   "   1895, à Elmire Quézel.

Famille DROUIN

Etablie à Saint François, Ile d'Orléans, en 1674

1.—Robert, du Pin, au Perche, marié 1° en 1637, à Anne Cloutier;
    2° en 1649, à Marie Chapelier.
2.—Nicolas, marié en 1674, à Marie Loignon.
3.—Nicolas,   "   1717, à Geneviève Perrault.
4.—Jacques,   "   1764, à Gertrude Baucher.
5.—Joseph.   "   1798, à Victoire Dufresne.
6.—Joseph,   "   1826, à Victoire Canac-Marquis.
7.—Célestin,   "   1855, à Elise Leblond.
8.—Alphonse,   "   1893, à Marie-Anne Raymond.

Famille DUBEAU

Etablie à la Jeune Lorette, comté de Québec, en 1704

1.—Toussaint, cordonnier, marié 1° en 1663, à Marguerite D'Amy;
    2° en 1678, à Anne Jousselot.
2.—Jacques,   marié en 1704, à Catherine Bédard.
3.—Pierre,   "   1732, à Barbe Jolivette.
4.—Jean-Baptiste, "   1797, à Anne Genest.
5.—Pierre,   "   1835, à Marie Parent.
6.—Théophile.

Famille DUCHESNAY

Seigneuresse de Fossambault, comté de Portneuf, depuis 1692

1.—Jean, seigneur de Maure, conseiller du Roi, marié en 1624, à
    Marie Langlois.
2.—Nicolas,   marié en 1649, à Marie-Thérèse Giffard.
3.—Ignace,   "   1683, à Marie-Catherine Peuvret.
4.—Antoine,   "   1737, à Marie-Françoise Chartier.
5.—Antoine,   "   1° 1765, à Louise-Liénard de Beaujeu.
                2° 1778, à Catherine Lecompte.
6.—Louis-Michel,   "   1808, à Charlotte-Hermine d'Irumbery
                              [de Salaberry.
7.—Ed.-L.-Antoine-C., "   1863, à Elizabeth Levallée.
8.—Marie-Clara Juchereau, mariée en 1879, à Eugène-Etienne Taché.

Famille DUFRESNE dit BOUIN

Etablie à Lorette, comté de Québec, en 1686

1.—Julien, de Saint-Pierre d'Anseny, évêché de Nantes, marié 1° en
    1675, à Marguerite Berrin; 2° en 1684, à Jeanne Rivault.
2.—Charles, marié en 1705, à Marie-Madeleine Gauvin.
3.—Jacques,   "   1752, à Marie-Marguerite Robitaille.
4.—Jacques,   "   1782, à Marguerite Hamel.
5.—Michel,   "   1818, à Brigitte Desvarennes.
6.—Isaïe,   "   1865, à Sophie Paquin.
7.—Joseph,   "   1892, à Udelcie Gauvin.

Famille DUHAULT

Etablie à Charlesbourg, comté de Québec, en 1688

1.—DUHAUT dit PARIS, Jacques, de Saint-Martin, évêché de Chartres, marié en 1665, à Marie Le Moyne.
2.—Louis,   marié en 1688, à Antoinette Leroux.
3.—Nicolas,   "   1712, à Josephte Bédard.
4.—Louis,   "   1739, à Charlotte Hénel.
5.—Jean-Baptiste, "   1778, à Angelique Bidon.
6.—Louis-Thomas, "   1823, à Marguerite Lefebvre.
7.—Louis,   "   1889, à Azilda Jacques.

Famille DUSSAULT dit LAFLEUR

Etablie à Saint-David, comté de Lévis, en 1692

1.—Elie, de Cogne, évêché de Larochelle, marié en 1663, à Madeleine Nicolet.
2.—Jean-François, marié en 1692, à Madeleine Bourassa.
3.—Jean,   "   1728, à Angélique Huard.
4.—Jean,   "   1760, à Marie-Anne Demers.
5.—Etienne,   "   1802, à Félicité Quentin.
6.—Etienne,   "   1831, à Rose de Lima Boucher.
7.—J.-Etienne,   "   1897, à Margaret Gibson.

Famille DUSSAULT-TOUPIN

Etablie vers 1700, aux Ecureuils, comté de Portneuf

1.—Toussaint,   marié en 1646, à Marguerite Boucher.
2.—Jean,   " 1° 1669, à Marie Gloria.
                   2° 1688, à Madeleine Mézeray.
3.—Jean-Baptiste, "   1715, à Marie-Thérèse Turcot.
4.—Augustin,   "   1758, à Marie-Anne-Jean Denis.
5.—Augustin-Michel, "   1780, à Rosalie Delisle.
6.—Augustin,   "   1822, à Cécile Matte.
7.—Augustin,   "   1857, à Jessé Trépanier.
8.—Siméon,   "   1884, à Célina Emond.

Famille FAUCHER

Etablie à Saint-François, Ile d'Orléans, vers 1699

1.—Gervais, marié en 1699, à Elizabeth Gilbert.
2.—Jacques, "   1737, à Thérèse Meneuf.
3.—Jacques, "   1763, à Geneviève Turcot.
4.—Ignace,   "   1799, à Louise Baucher.
5.—Jacques, "   1829, à Josephte Gosselin.
6.—Jacques, "   1857, à Philomène Létourneau.
7.—Joseph,   "   1889, à Alexina Asselin.

Famille FERLAND

Etablie à Saint-Pierre, Ile d'Orléans, vers 1678

1.—François, de Saint-Vincent, évêché de Malizer, marié en 1679,
   à Françoise Milois.
2.—Jean-Baptiste, marié en 1710, à Geneviève Goulet.
3 —Jean-Baptiste,   "   1732, à Hélène Crépault.
4.—Pierre,   "   1771, à M.-Josephte Plante.
5.—Laurent,   "   1808, à Thérèse Paradis.
6.—Flavien,   "   1840, à M.-Angélique Vézina.
7.—Saturnin,   "   1865, à Philomène Gagnon.

Famille FERLAND

Etablie à Saint-Pierre, Ile d'Orléans, vers 1678

1.—François, de Saint-Vincent, évêché de Malizer, marié en 1679, à
   J.-Françoise Milois.
2.—Gabriel, marié 1° en 1719, à Mary Goulet.
              1740, à Marie-Josephte Pichette.
3.—Louis,   "   1843, à Angélique Montigny.
4.—Jeannot,   "   1803, à Marie-Reine Gosselin.
5.—Jean,   "   1832, à Félicité Gendreault.
6.—Jean-Pie,   "   1862, à Célina Gosselin.
7.—Louis,   "   1897, à Amanda Gagnon.

Famille FILION

Etablie à Saint-Joachim, comté de Montmorency, en 1706

1.—Michel, notaire royal, de Saint-Germain de l'Auxerrois, marié
   1° en 1661, à Marguerite Aubert ; 2° à Anne D'Anneville.
2.—Jean,   marié en 1695, à Françoise Sénat.
3.—Paul,   "   1731, à Josephte Tremblay.
4.—Antoine,   "   1870, à Victoire Girard.
5.—Paul,   "   1817, à Louise Mercier.
6.—Alfred,   "   1854, à Délima Rhéaume.
7.—George,   "   1895, à Alphonsine Paré.

Famille FORTIN

Etablie à l'Islet, comté de l'Islet, en 1682

1.—Julien, de Notre-Dame de Leverd, évêché du Mans, marié en
   1652, à Geneviève Gamache.
2.—Charles,   marié en 1681, à Xaintes Cloutier.
3.—Jean-Baptiste,   "   1724, à Françoise Bélanger.
4.—Charles-François, "   1761, à Madeleine Pain.
5.—Isaïe,   "   1803, à Euphrosine Caron.
6.—Geneviève,   "   1860, à Gabriel Gamache.

Famille FORTIN

Etablie à l'Islet, comté de l'Islet, vers 1701

1.—Julien, de Notre-Dame de Leverd, évêché du Mans, marié en
    1652, à Geneviève Gamache.
2.—Charles,   marié en 1681, à Xaintes Cloutier.
3.—Julien,   "   1724, à Elizabeth Caron.
4.—François-Ignace, "   1768, à Elzire Thibault.
5.—Joseph-Ignace,   "   1804, à Judith Moreau.
6.—Joseph-Ignace,   "   1843, à Anastasie Bélanger.
7.—Alfred.

Famille FOURNIER

Etablie à Saint-Thomas, comté de Montmagny, en 1656

1.—Guillaume, de Coulme, en Normandie, marié en 1651, à Fran-
    çoise Hébert.
2.—Jean,   marié en 1688, à Jeanne Leroy.
3.—Nicolas,   "   1° 1714, à Barbe Thibault.
                       2° 1732, à Geneviève Langlois.
4.—Pierre-Jacques, " 1° 1757, à Geneviève Denault.
                       2° 1769, à Angelique Noël.
5.—Jacques,   "   1794, à Marie-Rénée Morin Valcourt.
6.—Jacques,   "   1830, à Marcel Lefebvre Boulanger.
7.—Jean-Baptiste, "   1886, à Célina Chabot.

Famille FRECHETTE

Etablie à Saint-Nicolas, comté de Lévis, en 1703

1.—François, de Saint-Martin, Ile de Ré, évêché de Larochelle, marié
    en 1680, à Anne Levreau.
2.—François, marié en 1° 1707, à Marguerite Bergeron.
                       2° 1735, à Marie Cauchon.
3.—Etienne,   "   1° 1769, à Charlotte Hayot.
                       2° 1787, à Josephte Simoneau.
                       3° 1804, à Marguerite Gagné.
4.—Michel,   "   1816, à Geneviève Plante.
5.—Honoré,   "   1° 1858, à Marie-Anne Demers.
                       2° 1892, à Madeleine Bilodeau.

Famille FRECHETTE

Etablie à Saint-Nicolas, comté de Lévis, en 1703

1.—François, marié 1° en 1680, à Anne Levreau,
                 " 2° 1717, à Suzanne Métayer.
2.—François,   " 1° 1707, à Marguerite Bergeron.
                  " 2° 1735, à Marie-Madeleine Cauchon.
3.—Etienne,   "   1743, à Marie-Anne Duperré.
4.—Etienne,   " 1° 1769, à Charlotte Hayot.
                  " 2° 1787, à Josephte Simoneau.
                  " 3° 1804, à Marguerite Gagné.
5.—Michel,   "   1816, à Geneviève Plante.
6.—Louis,   "   1849, à Elizabeth Laroche.
7.—Télesphore,   " 1° 1884, à Anaïs Marion.
                  " 2° 1903, à Alvina Dion.

Famille GAGNE dit BELLAVANCE

Etablie à l'Islet, comté de l'Islet, en 1673

1.—Pierre, de Courcival, évêché du Mans, marié en 1652, à Marguerite Rosée.
2.—Louis,   marié en 1673, à Louise Picard.
3.—Pierre,   "   1713, à Geneviève Fournier.
4.—Joseph-Toussaint, "   1757, à Louise Blais.
5.—Joseph-Toussaint, "   1784, à Félicité Thibault.
6.—David,   "   1815, à Marie-Claire Fournier.
7.—Calixte,   "   1841, à Apolline Giasson.
8.—David-Stanislas, "   1879, à Joséphine Giasson.
9.—Joseph.

Famille GAGNON

Établie à Château-Richer, comté de Montmorency en 1641

1.—Mathurin, de Tourouvre, en Perche, marié en 1647, à Françoise Boudeau.
2.—Pierre, marié en 1696, à Hélène Cloutier.
3.—Augustin, "   1727, à Félicité Cimon.
4.—Augustin, " 1° 1751, à M.-J. Malbœuf.
                2° 1778, à Marguerite Bascon.
5.—Pierre,   "   1778, à Marie-Louise Trudel.
6.—Pierre,   "   1803, à Marie-Louise Bilodeau.
7.—Pierre   "   1845, à Luce Gagnon.
8.—Pierre,

Famille GAGNON

Etablie à Saint-Joachim, comté de Montmorency, en 1674

1.—Pierre, de Tourouvre, en Perche, marié en 1647, à Vincente Desvarieux.
2.—Noël,   marié en 1683, à Geneviève Fortin.
3.—Pierre,   "   1720, à M.-Anne Racine.
4.—Marie-René,   "   1729, à Josephte Racine.
5.—Jean-Baptiste, "   1812, à Marie Simard.
6.—Jean,   "   1847, à Françoise Huot.
7.—T.-Feruce,   "   1889, à M.-Henriette Rhéaume.

Famille GARNEAU

Etablie à l'Ange-Gardien, comté de Montmorency, en 1662.

1.—Louis, de la Grimaudière, évêché de Poitiers, marié en 1663, à Marie Mazoué.
2.—Louis,   marié en 1705, à Catherine Soulard.
3.—Pierre,   "   1763, à Marguerite Julien.
4.—François,   "   1813, à Josephte Mathieu.
5.—François,   "   1846, à Angèle Proteau.
6.—Isidore,   "   1882, à Marguerite Côté.

Famille GARNEAU

Etablie vers 1700, à la Pointe-aux-Trembles, comté de Portneuf

1.—Louis, de la Grimaudière, évêché de Poitiers, marié en 1663, à Marie Mazoué.
2.—François,   marié en 1689, à Louise Carreau.
3.—François,   "   1718, à Marie Cantin.
4.—Ange-Gabriel, "   1756, à Madeleine Mercure.
5.—Jean-Baptiste, "   1788, à Françoise Langlois.
6.—Jean-Baptiste, "   1828, à Josephte Hamel.
7.—Charles-Solime, "   1855, à Eléonore Drolet.
8.—Solime,   "   1886, à Odélie Bertrand.

Famille GAUDIN

Etablie aux Ecureuils, comté de Portneuf, en 1709

1.—Charles, de Saint-Laurent-de-Beaumès, marié en 1656, à Marie Boucher.
2.—Antoine, marié en 1709, à Marie-Angélique Jacob.
3.—Charles,   "   1755, à Angélique Trépanier.
4.—Charles,   "   1788, à R.-Anne Chaloux.
5.—Olivier,   "   1812, à Marguerite Germain.
6.—Liboire,   "   1847, à Emma Falardeau.

Famille GÉLINAS

Etablie à Yamachiche, comté de Saint-Maurice, en 1706

1.—Etienne,   marié en 1645, à Huguette Robert.
2.—Jean,   "   1670, à Françoise de Charmenil.
3.—Jean-Baptiste, "   1700, à Jeanne Boissonnault.
4.—Maurice,   "   1723, à Charlotte Bergeron.
5.—Jacques,   "   1759, à Marie-Louise Gélinas.
6.—Jacques,   "   1791, à Josephte Héroux.
7.—Jacques,   "   1819, à Marie Beaubien.
8.—Moïse,   "   1860, à Mathilde Lamy.

Famille GÉLINAS

Etablie à Yamachiche, comté de Saint-Maurice, en 1706.

1.—Etienne,   marié en 1645, à Huguette Robert.
2.—Jean,   "   1670, à Françoise de Charmenil.
3.—Etienne,   "   1700, à Marguerite Benoit.
4.—Pierre,   "   1731, à Geneviéve Carbonneau.
5.—Joseph,   "   1762, à M.-Magd. Héroux.
6.—Louis,   "   1802, à Madeleine Lesieur.
7.—Louis,   "   1834, à Monique Gignac.
8.—Emmanuel,   "   1868, à Elizabeth Lemy.

Famille GERMAIN-MAGNY

Etablie à Sainte-Geneviève de Batiscan, comté de Champlain, en 1700

1.—Jean, de Saint-André de Niort, au Poitou, marié en 1698, à Catherine Baribeault
2.—Jean,   marié en 1727, à Thérèse Laperle.
3.—Louis,   "   1° 1768, à Marie-Anne Veillet.
                      2° 1776, à Josephte Mathieu
4.—François,   "   1808, à Marguerite Ayotte.
5.—Pierre,   "   1843, à Luce Paquet
6.—Misael,   "   1875, à Marguerite Baribeau.

Famille GIASSON

Etablie à l'Islet, comté de l'Islet, vers 1700

1.—Michel,   marié en 1706, à Marguerite Mourier.
2.—Joseph-Marie,   "   1747, à Geneviève Gendreau.
3.—François,   "   1787, à Modeste Dion
4.—Joseph-Isaac,   "   1823, à Nathalie Caron.
5.—Joseph-Ambroise, "   1856, à Perplexe Fournier.
6.—Joseph Gabriel, "   1874, à Hermine Bélanger.
7.—J.-E.-Elzéar,   "   1895, à Joséphine Lamarre.

Famille GIASSON

Etablie à l'Islet, comté de l'Islet, en 1706

1.—Michel,   marié en 1706, à Marguerite Mourier.
2.—Joseph,   "   1748, à Geneviève Gendreau.
3.—François,   "   1784, à Modeste Dion
4.—Isaac,   "   1823, à Nathalie Caron.
5.—Jos Ambroise,   "   1856, à Perplexe Fournier.
6.—G.-Marcel,   "   1906, à Sophie Anne Thibault.

Famille GIGNAC

Etablie à Notre-Dame, de Portneuf, en 1688

1.—François, marié en 1° 1688, à Anne Duclos , 2° en 1710, à Anne Brière
2.—Jacques, marié en 1713, à Marie-Anne Richard.
3.—Jacques,   "   1° 1741, à Marie-Françoise Lafond.
               "   2° 1764, à Françoise Suret.
4.—Augustin,   "   1775, à Elizabeth Boudreau.
5.—Joseph,   "   1° 1820, à Angélique Germain
               "   2° 1848, à Gérésine Arcand.
6.—David,   "   1867, à Félicité Baril.
7.—Louis,   "   1° 1896, à Marie-Adélaide Marcotte.
               "   2° 1902, à Félicité Lanouette.

Famille GIGNAC

Etablie à Portneuf, comté de Portneuf, en 1688

1.—François, marié en 1688, 1° à Anne Duclos.
                1710, 2° à Anne Brière.
2.—Jacques,   "   1713, à Marie-Anne Richard.
3.—Jacques,   " 1° 1741, à Françoise-Lafond-Mongrain.
           " 2° 1764, à Françoise Suret.
4.—Augustin,   "   1775, à Elizabeth Boudreau.
5.—Joseph,   " 1° 1814, à Angélique Germain.
              2° 1820, à Gérésine Arcand.
6.—Lazare,   "   1845, à Anna Paquin.
7.—Zotique,   "   1884, à Félicité Germain.
8.—Henri,   "   1908, à Augustine Turgeon.

Famille GIGNAC

Etablie à Portneuf, en 1688

4.—Jacques, frère d'Augustin, marié en 1791, à Hélène Marcotte.
5.—Augustin,   "   1827, à Julie Hamelin.
6.—Camille.

Famille GIGUERE

Etablie à Sainte-Anne de Beaupré, comté de Montmorency, en 1660

1.—Robert, de Tourouvre, au Perche, marié en 1652, à Aimée
    Myville.
2.—Joseph, marié en 1698, à Angélique Mercier.
3.—Charles,   "   1726, à Anne Dion.
4.—François,   "   1754, à Félicité Paré.
5.—Ignace   "   1782, à Julienne Pepin.
6.—Ignace,   "   1833, à Marguerite Boivin.
7.—Adolphe,   "   1854, à Hermine Paré.
8.—François,   " 1° 1883, à Octavie Morel.
            2° 1889, à Philomène Simard.

Famille GILBERT

Etablie à Saint-Augustin, comté de Portneuf, en 1683

1.—Etienne, d'Aunes, évêché de Poitiers, marié en 1683, à Margue-
    rite Thibault.
2.—Jean-François, marié en 1718, à Catherine Bédard.
3.—Pierre,   "   1760, à Brigitte Soulard.
4.—Jean-Baptiste, "   1812, à Madeleine Côté.
5.—Pierre,   "   1852, à Louise Ratté.
6.—Pierre,   "   1874, à Marie Delisle.
7.—Pierre,   "   1901, à Philomène Gagné.

Famille GINCHEREAU

Etablie à Saint-François, Ile d'Orléans, en 1673

1.—Louis, de Saint-Mathurin, évêché de Luçon, marié en 1673, à
   Marie Magnié.
2.—Jean-Baptiste, marié 1° en 1698, à Marguerite Bisson.
                          2° 1719, à Thérèse Canac.
3.—Joseph,   "   1749, à Thérèse Levreau.
4.—Augustin,   "   à Ursule Beaudin.
5.—Joseph,   "   à Marguerite Lainé.
6.—Louis,   à Eléonore Dion.

Famille GINGRAS

Établie à Saint-Augustin, comté de Portneuf, en 1671

1.—Charles, de Saint-Michel-le-Clou, évêché de Larochelle, marié
   en 1675, à Françoise Amyot.
2.—Joseph,   marié en 1718, à Marie-Anne Tinon.
3.—Augustin,   "   1758, à Madeleine Rocheron.
4.—Charles,   "   1787, à Geneviève Garneau.
   En 1813, la propriété fut divisée entre les deux frères, Olivier et
5.—Olivier,   marié en 1822, à Thérèse Thibault.   [Michel.
6.—Félix,   "   1854, à Marie-Angèle Denys.
7.—Hildevert,   "   1° 1884, à Joséphine Grenier.
                     2° 1895, à Adèle Deschènes.

Famille GINGRAS

5.—Michel, marié en 1813, à Charlotte Gaboury.
6.—Désiré,   "   1861, à Louise McCarthy.
7.—Jules,   "   1875, à Bella Doré.

Famille GINGRAS

Etablie à la Pointe-aux-Trembles, comté de Portneuf, en 1705

1.—Charles,   marié en 1675, à Françoise Amyot.
2.—Jean,   "   1705, à Madeleine Lefebvre.
3.—Louis,   "   1747, à Marguerite de Rainville.
4.—Louis-Joseph,   "   1774, à Angélique Carpentier.
5.—Louis,   "   1806, à Françoise Hardy.
6.—Narcisse,   "   1839, à Adélaïde Anger.
7.—Nérée,   "   1874, à Méléda Naud.

Famille GINGRAS

Etablie à la Pointe-aux-Trembles, comté de Portneuf, en 1705

1.—Charles, de Saint-Michel-le-Clou, évêché de Larochelle, marié
   en 1675 à Françoise Amyot.
2.—Jean,   marié en 1705, à Madeleine Lefebvre.
3.—Jean-Baptiste, "   1741, à Françoise Grenier.
4.—Jean-Baptiste, "   1° 1775, à M.-Geneviève Hardy.
                     2°   à Madeleine Robitaille.
5.—Jean-Baptiste, "   1814, à Marie-Anne Ouvrard.
6.—François,   "   1851, à Adeline Lépine.
7.—François,   "   1882, à Rosanna Delisle.

Famille GINGRAS

Etablie en 1708, à Saint-Augustin, comté de Portneuf

1.—Charles,   marié en 1675, à Françoise Amyot.
2.—Joseph,   "   1718, à Marie-Anne Tinon.
3.—Augustin,   "   1758, à Madeleine Rocheron.
4.—Charles,   "   1787, à Geneviève Garneau.
5.—Olivier,   "   1822, à Thérèse Thibault.
6.—Félix,   "   1854, à M.-Angèle Denys.
7.—Frs-Xavier,   "   1896, à M. Deschêne.

Famille GIRARD

Etablie à Saint-Augustin, comté de Portneuf, en 1669.

1.—Pierre, de Saint-Nicolas-du-Mans, évêché d'Orléans, marié en 1670 à Suzanne De LaVoye.
2.—Pierre,   marié en 1697, à Marie-Angélique Dolbec.
3.—Philippe,   "   1751, à Véronique Dussault.
4.—François-Xavier, "   1780, à Rose Rocheron.
5.—François-Xavier, "   1807, à Josephte Grenier.
6.—Olivier,   "   1840, à Sophie Valin.
7.—Ludger,   "   1880, à Delphine Cantin.
8.—Lauréat,   "   1904, à Virginie Gilbert.

Famille GODBOUT

Établie à Saint-Pierre, Ile d'Orléans, comté de Montmorency en 1720

1 —Nicolas, de Berneval-le-Grand, près de Dieppe, marié en 1662, à Marie-Marthe Bourgoin.
2.—Nicolas, marié en 1685, à Marguerite-Angelique Lemelin.
3.—Joseph,   " 1° 1720, à Madeleine-Bouchard, Vve de G. Nolin
                   2° 1743, à M.-Claire Chantal.
4.—Pierre,   "   1747, à Josephte Couture.
5.—Pierre,   "   1786, à Marie-Anne Leclerc.
6.—Pierre,   "   1816, à Marguerite Paradis.
7.—Pierre,   "   1846, à Marie Ferland.
8.—Pierre,   "   1872, à Marie Goulet.

Famille GOSSELIN

Établie à Saint-Laurent, Ile d'Orléans, comté de Montmorency, vers 1658.

1.—Gabriel, de Combray, évêché de Séez, en Normandie, marié en 1653, à Françoise Lelièvre.
2.—Ignace,   marié en 1683, à Marie Ratté.
3.—Antoine,   "   1726, à Marguerite Crépeau.
4.—Amable,   "   1763, à Isabelle Maranda.
5.—François,   " 1° 1799, à Catherine Beaudoin.
                     2° 1823, à Catherine Hébert.
6.— { Amable, célibataire.
     { Magloire, marié en 1859, à Philomène Denis.
7.—François-Horace, " 1889, à Philomène Plante.

Famille GOULET

Etablie à Saint-Pierre, Ile d'Orléans, Montmorency, en 1672

1.—Jacques, marié en 1645, a Marguerite Mailler
2.—Nicolas,   "   1672, à Xaintes Cloutier.
3.—Louis,   "   1712, à Anne Cantin.
4.—Jean,   "   1750, à Thérèse Paradis
5.—Jean,   "   1783, à Thérèse Paradis.
6.—Olivier,   "   1812, à Catherine Ferland
7.—Félix,   "   1836, à Marie Leclerc
8.—Félix,   "   1864, à Octavie Leclerc.
9.—Félix,   "   1889, à Adèle Turcotte

Famille GOULET

Etablie à Saint-Augustin, comté de Portneuf, vers 1715

1.—Jacques, marié en 1645, à Marguerite Mailler
2.—Joseph,   "   1692, a Anne Julien
3.—François,   "   1719, à Madeleine Bédard.
4.—Prisque,   " 1° 1752, à Félicité Hamel
               2° 1761, à Marguerite Drolet.
5.—Prisque,   "   1778, à Marie-Charlotte Côté.
6.—François,   " 1° 1800, à Marie Drolet.
               2° 1814, à Marie-Anne Côté.
7.—François,   "   1849, à Emilie Côté.
8.—Edouard,   "   1892, à Délina Tardif.

Famille GRAVEL-MASSÉ

Etablie à Château-Richer, comté de Montmorency, en 1644

1.—Joseph,   marié en 1644, à Marguerite Tavernier.
2.—Claude,   "   1687, à Jeanne Cloutier.
3.—Pierre-Paul,   "   1721, à Marguerite Prieure
4.—Pierre,   "   1746, à Marie-Anne Bureau.
5.—Joseph-Ignace,   "   1757, à Agnès Gagnon.
6.—Joseph-Simon,   "   1787, à Geneviève Cazeau.
7.—Joseph,   "   1830, à Françoise Thibault.

Famille GRENIER

Etablie à Beauport, comté de Québec, en 1666

1.—Charles, de Saint-Gemme, en Normandie, marié en 1666, à Marie-Louise Vézina.
2.—Charles,   marié en 1691, à Angélique Maheu.
3.—Pierre.   "   1714. à Marie-Madeleine Tessier
4.—Pierre,   " 1° 1744, à Angélique Vachon
               2° 1750, à Marie Madeleine Ringuet.
5.—Joseph,   " 1° 1762, à Geneviève Garneau.
               2° 1773, à Marie Beaugie
6.—Joseph,   "   1810, à Angélique Rainville.
7.—Jean-Thomas, "   1843, à Julie Bureau.
8.—Théophile,   "   1882, à Elizabeth Chalifour.

Famille GRENIER

Etablie à la Pointe-aux-Trembles, comté de Portneuf, en 1672

1.—Jean, de Saint-André, évêché de Chartres, France, marié en 1668, à Madeleine Leguay.
2.—Claude,   marié 1° en 1702, à M.-Françoise Hayot.
                    2°   1708, à Madeleine Cocquin.
3.—L.-Joseph,   "   1741, à Catherine Toupin Du Sault.
4.—Hyacinthe,   "   1778, à Josephte Delisle.
5.—Joseph,   "   1819, à Marie-Anne Matte.
6.—Noé,   "   1868, à Desanges Gauvin.
7.—Joseph.

Famille GRENIER

Etablie à Saint-Augustin, comté de Portneuf, en 1700

1.—Jean, de Saint-André, évêché de Chartres, France, marié en 1668, à Madeleine Leguay.
2.—Jean,   marié en 1704, à Agnès-Liénard Durbois.
3.—Jean-François,   "   1737, à Judith Thibault.
4.—Louis-Joseph,   "   1778, à Louise Martin.
5.—Joseph,   "   1° 1814, à Angélique Gingras.
                    2° 1819, à Louise Soulard.
6.—Dieudonné,   "   1857, à Louise Charland.
7.—Joseph,   "   1893, à Belzémire Rochette.

Famille GUÉRARD-LEGRAS

Etablie en 1698, à Saint-François, Ile d'Orléans, Montmorency

1.—Martin, de Saint-Léonard de Honfleur, évêché de Rouen, marié en 1667, à Marie Boête.
2.—Charles Guérard dit Legras, marié en 1697, à Madeleine Chrétien.
3.—Charles, marié en 1722, à Madeleine Lepage.
4.—Jacques,   "   1761, à Thérèse Gagné.
5.—Louis,   "   1792, à Brigitte Paré.
6.—Jacques,   "   1829, à Henriette Loignon.
7.—Louis,   "   1856, à Cécile Pepin.
8.—Philéas,   "   1892, à Vitaline Ferland.

Famille GUILLET-SAINT-MARS

Etablie à Batiscan, comté de Champlain, en 1690

1.—Louis,   marié en 1690, à Marie Trottier.
2.—Joseph,   "   1726, à Angélique Lepelé.
3.—Joseph,   "   1745, à Marie-Josephte Rivard.
4.—Joseph,   "   1785, à Brigitte L'heureux.
5.—Joseph,   "   1811, à Scholastique Lefebvre.
6.—Edouard,   "   1847, à Marcelline Chateauneuf.
7.—Ephrem,   "   1885, à Marie-Anne Bouchard.

Famille GUIMONT

Etablie au Cap Saint-Ignace, comté de Montmagny, en 1682

1.—Louis, de la paroisse Deschamps, au Perche, marié en 1653, à Jeanne Bitoucet.
2.—Claude,　　　marié en 1683, à Anne Leroy.
3.—François,　　　"　　1714, à Elizabeth Fortin.
4.—Claude-Joseph,　"　　1749, à Salomé Monreau.
5.—J.-Claude,　　　"　　1781, à Geneviève Gagné.
6.—J.-Clément,　　　"　　1807, à Marie-Anne Fortin.
7.—J.-Julien,　　　"　　1834, à Julie Théberge.
8.—J.-Julien,　　　"　　1872, à Marie-Léa Caron.
9.—Joseph-Thomas,　"　　1903, à Marie-Anne Lavoie.

Famille HAMEL

Etablie à l'Ancienne-Lorette, comté de Québec, en 1690

1.—Jean, de Saint-Sulpice, évêché d'Amiens, Picardie, marié en 1660, à Marie Auvray.
2.—Jean-François, marié en 1690, à Anne-Felicité Levasseur.
3.—Jean,　　　"　　1723, à Louise Fiset.
4.—Joseph,　　　"　　1764, à Marie-Charlotte Alain.
5.—François,　　　"　　1803, à Josephte Lafrance.
6.—Joseph,　　　"　　1834, à Marie Desvarennes.
7.—Narcisse,　　　"　1° 1870, à Marie Cloutier.
　　　　　　　　2° 1873, à Rose Robitaille.
8.—Ernest,　　　"　　1906, à Léonie Bédard.

Famille HEMARD

Etablie à Longueuil, en 1675

1.—Pierre, marié en 1702, à Jeanne-Marguerite Blois, veuve d'Adrien Saint-Aubin.
2.—Pierre, fils,　　marié en 1745, à Geneviève Deinau.
3.—Pierre,　　　"　　1778, à Reine Marsil.
4.—Pierre,　　　"　　1812, à Justine Ledoux.
5.—Pierre,　　　"　　1839, à Séraphine Brodeur.
6.—Pierre-Emmanuel,　"　　1873.

Famille HEBERT dit LECOMPTE

Etablie à l'Ange-Gardien, comté de Montmorency, en 1658

1.—François,　marié en 1654, à Anne Fauconnier.
2.—Guillaume,　　"　　1694, à Anne Roussin.
3.—Louis,　　　"　　1732, à Catherine Cantin.
4.—Simon,　　　"　　1771, à Madeleine Jacob.
5.—Guillaume,　　"　　1807, à Marie Julien.
6.—Edouard,　　　"　　1837, à Geneviève Roy.
7.—Joseph,　　　"　　1874, à Julie Robert.
8.—Septime,　　　"　　1902, à Emilie Lefrançois.

Famille HOURÉ dit GRAMMONT

Etablie à Champlain, comté de Champlain, vers 1680

1.—Réné,   marié en 1679, à Denise Damané.
2.—Jean,   "   1728, à Marie-Ronce Lefebvre.
3.—Jean,   "   1779, à Marguerite Perrot.
4.—Pierre,   "   à M.-Anne Rocheleau.
5.—Frs-Xavier, "   à M.-Elzire Trudel.
6.—Denis.

Famille HUOT

Etablie à l'Ange-Gardien, comté de Montmorency, en 1680

1.—Mathurin, de l'évêché d'Angers, France, marié en 1671, à Marie
    Letartre.
2.—Jean,   marié en 1701, à Madeleine Roussin.
3.—Jean-Thierry, "   1783, à Françoise Fiset.
4.—Mathurin,   "   1769, à Geneviève Lefrançois.
5.—Pierre,   "   1807, à Marguerite Marois.
6.—Chrysostome, "   1837, à Marie Beaudoin.
7.—Joseph-Chrysostome, "   1868, à Henriette Gagnon.

Famille JOBIDON

Etablie à Château-Richer, comté de Montmorency, en 1655

1.—Louis,   marié en 1655, à Marie Deligny.
2.—Louis,   "   1690, à Anne Bouchard.
3.—Louis,   "   1717, à Anne Toupin.
4.—Louis,   "   1750, à Ange Nadeau.
5.—Pierre,   "   1° 1797, à Madeleine Fortin.
                 2° 1804, à Madeleine Taillon.
6.—Louis-Julien, "   1846, à Emma Lacourcière.
7.—Louis-Julien, "   1877, à Madeleine Rhéaume.

Famille JUNEAU

Etablie à Saint-Augustin, comté de Portneuf, en 1669

1.—Pierre, de Coigne, hors les murs de Larochelle, France, marié
    en 1654, à Madeleine Duval.
2.—Jean,   marié en 1690, à Geneviève Tinon.
3.—Jean-Baptiste, "   1721, à Marie-Françoise Gingras.
4.—Augustin,   " 1° 1760, à Marie-Anne Vallière.
                 2° 1781, à Marguerite Drolet.
5.—Michel,   "   1803, à Brigitte Girard.
6.—Augustin,   "   1833, à Angélique Trudel.
7.—Désiré,   "   1874, à Marie-Félonise Desroches.

Famille LABERGE

Etablie à l'Ange-Gardien, comté de Montmorency, en 1680

1.—Robert, de Coulombière, évêché de Bayonne, en Normandie,
    marié en 1663, à veuve Françoise Gausse.
2.—Guillaume,   "   1695, à Marie Cantin.
3.—Jacques,   "   1720, à Marguerite Gagnon.
4.—Guillaume,   "   1745, a Barbe Julien.
5.—Guillaume,   "   1774, à Angélique Huot.
6.—François,   "   1813, à Angélique Huot.
7.—Olivier,   "   1843, à Flavie Côté.
8.—Emile,   "   1887, à M.-Desanges Plante.

Famille LABRECQUE

Etablie à Beaumont, comté de Bellechasse, en 1696

1.—Mathurin, marié en 1693, à Marthe Lemieux.
2.—Charles,   "   1740, à Marguerite Guenet.
3.—Antoine,   "   1793, à Elizabeth Bouffard.
4.—Charles,   "   1833, à Rosalie Morency.
5.—Joseph,   "   1856, à Civilis Turgeon

Famille LACOURCIERE

Etablie à Batiscan, comté de Champlain, en 1685

1.—Nicolas,   marié en 1652, à Catherine Saint-Per.
2.—François,   " 1° 1685, à Madeleine Le Pelé dit Lahaye.
               2° 1717, à Geneviève Chêne
3.—Luc-Antoine,   "   1746, à Geneviève Brisson.
4.—Antoine-Didace, " 1° 1784, a Eliz. Guillet.
               2° 1790, à M.-Josephte Rau.
5.—Joseph,   "   1825, à Sophie Leblanc.
6.—Ovide,   "   1856, à Virginie Trudel.
7.—Philippe,   "   1883, à Emma Saint Arnaud

Famille LAHAYE

Etablie en 1682, à Batiscan, comté de Champlain

1.—Pierre, Le Pelé dit Lahaie, marié en 1851, à Catherine Dodier.
2.—Claude,   marié en 1682, à Marie-Charlotte Jérémie.
3.—Claude,   "   1722, à Marie Anne Lafond
4.—François,   "   1752, à Madeleine Duranlot.
5.—Jean-Baptiste,   "   1781, a Rosalie Fraser.
6.—François,   "   1825, à Marguerite Bellerose.
7.—Pierre,   "   1870, à Cléophée Dessureau.

Famille LAMBERT

Etablie à Saint-Antoine, comté de Lotbinière, en 1688

1.—Pierre, de Saint-Jean-de-Fourmetot, évêché de Rouen, marié en
    1680, à Marie LeNormand.
2.—Pierre,   marié en 1714, à Louise Rontrel.
3.—Charles,   "   1752, à Thérèse Dussault.
4.—Pierre-Charles,   "   1778, à Josephte Bergeron.
5.—Pierre-Charles,   "   1807, à Marie-Reine Côté.
6.—Narcisse,   "   1843, à Luce Filteau.
7.—Chs-Hippolyte,   "   1881, à Marie-Anna Boisvert.

Famille LAMBERT

Etablie à Saint-Romuald, comté de Lévis, en 1653

1.—Eustache, marié en 1556, à Marie Laurence.
2.—Gabriel,   "   1683, à Françoise-Rénée Roussel.
3.—L.-Joseph,   "   1722, à Geneviève Rouer de Villeray.
4.—L.-Ignace,   "   1758, à Geneviève Bourassa.
5.—Louis,   "   1790, à M.-Geneviève Demers.
6.—Julien,   "   1825, à Angélique Demers.
7.—Rémi,   "   1869, à Julie Joncas.
8.—Edouard,   "   1894, à Exilia Bélanger.

Famille LAMBERT

Etablie à Saint-Nicolas, comté de Lévis, en 1670

1.—Eustache,   marié en 1656, à Marie Laurence.
2.—Gabriel,   "   1683, à Françoise-Rénée Roussel.
3.—Louis-Jos.   "   1722, à Geneviève-Rouer de Villeray.
4.—L.-Ignace,   "   1758, à Geneviève Bourassa.
5.—Ignace,   "   1° 1785, à Euphrosine Demers.
                     2° 1808, à Apolline Paquet.
6.—François,   "   1820, à Domitilde Olivier.
7.—Jean-Bte,   "   1851, à Emilie Couture.
8.—Ferdinand,   "   1885, à Alma Fréchette.

Famille LAMOTHE

Etablie à Champlain, en 1666

1.—Jean, marié en 1667, à Jeanne Isabel.
2.—Alexis,   "   1710, à M.-Jeanne Bigot.
3.—Alexis,   "   1749, à Marie-Anne Beaudoin.
4.—Joseph,   "   1796, à M.-Théotiste Beaudoin.
5.—Joseph,   "   1824, à Sophie Beaudoin.
6.—J.-Germain, "   1852, à M.-Emilie Turcotte.
7.—Adrien,   "   1899, à Augustine Turcotte.

Famille LANGEVIN

Etablie à Charlesbourg, comté de Québec, en 1703

1.—Jean Bergevin dit Langevin, de Saint-Jacques, évêché d'Angers, marié en 1668, à Marie Piton.
2.—Ignace, marié en 1703, à Geneviève Tessier.
3.—Germain,   "   1745, à Madeleine Allard.
4.—François,   "   1778, à Angélique Giroux.
5.—François,   "   1824, à Marie-Louise Bélanger.
6.—Frs-Xavier,   "   1867, a Marcelline Parent.
7.—Arthur,   "   1894, à Joséphine Pageot.

Famille LANGLOIS

Etablie à la Pointe-aux-Trembles, comté de Portneuf, en 1672

1.—Nicolas, de Saint-Pierre, évêché de Rouen, marié en 1671, à Elizabeth Cretel.
2.—Nicolas,   marié en 1733, à Marie-Anne Delisle
3.—Joseph,   "   1767, à Véronique Paulet.
4.—Jean-Baptiste, "   1798, à Marie-Anne Delisle.
5.—Joseph,   "   1828, à Thérèse Matte.
6.—Joseph,   "   1862. à Julie Boisjoli
7.—Amédée,   "   1902, à Célina Angers.

Famille LARUE

Etablie à la Pointe-aux-Trembles, comté de Portneuf, en 1666

1.—Jean de Larue, de Séez, marié en 1663, à Jacqueline Pain.
2.—Jean-Baptiste, marié en 1° 1693, à Marie Brassard.
                    2° 1695, à Catherine Garnier.
3.—Jean-Baptiste,   "   1741, à Geneviève Huguet.
4.—François,   "   1784, à Ursule Deguise.
5 —Jacob,   "   1821, à Anastasie Goulet.
6.—Antoine,   "   1° 1872, à Cécile Landry
                    2° 1893, à Marie Anne McLaughlin.
7.—Antonin,   "   1897, à Alexina Mayrand.

Famille LARUE

Etablie à la Pointe-aux-Trembles, en 1666, comté de Portneuf

1.—Jean,   marié en 1663, à Jacqueline Pain.
2.—Jean Baptiste, "   1° 1693, à Marie Brassard.
                    2° 1695, à Catherine Garnier.
3.—Augustin,   "   1749, à Thérèse Delisle.
4.—Frs-Xavier,   "   1790, à M.-Luce Hains.
5.—Barthélemy,   "   1825, à M.-Reine Laroche.
6.—Frs-Xavier,   "   1853, à Angélina Germain.
7.—Roger,   "   1889, à Marie Grenier.

Famille LECLERC

Etablie en 1669, à Saint-Pierre, Ile d'Orléans

1.—Jean, de Notre-Dame de Terrail, marié en 1669, à Marie Blan-
quet.
2.—Charles, marié en 1696, à Marie Baucher.
3.—Jean,   "   1720, à Thérèse Côté.
4.—Jean,   "   1764, à Marie-Anne Cornellier.
5.—Jean,   "   1789, à Marie Langlois.
6.—Jean,   "   1820, à Agathe Plante.
7.—Ferdinand, "   1856, à Célina Godbout.
8.—Jean,   "   1881, à Ersé Pichette.

Famille LEFEBVRE

Etablie à Nicolet, comté de Nicolet, en 1670

1.—Pierre,   marié en   à Jeanne Aunois.
2.—Jacques,   "   1670, à Marie Beaudry.
3.—Joseph,   "   1731, à Catherine Messier.
4.—Joseph,   "   1764, à Julie Gamelin.
5.—Louis,   "   1792, à Monique Robidoux.
6.—Basile,   "   1827, à Angèle Manseau.
7.—Joseph,   "   1868, à Lumina Trudel.
8.—Basile,   "   1905, à Marie-Louise Grandmont.

Famille LEMIEUX

Etablie à Berthier, comté de Montmagny, en 1699

1.—Guillaume, de Beaufort, évêché de Paris, marié 1° en 1669, à
Elizabeth Langlois ; 2° en 1699, à Louise Picard.
2.—Guillaume, marié 1° en 1723, à Madeleine Bélanger.
2° en 1726, à Marie-Anne Blais.
3.—Joseph,   "   1754, à Josephte Aubé.
4.—Augustin,   "   1795, à Josephte Dion.
5.—Thomas,   "   1822, à Reine Bilodeau.
6.—Ludger,   "   1853, à Flore Bélanger.
7.—Alphonse.

Famille LEPAGE

Etablie à Saint-François, Ile d'Orléans, en 1667

1.—Louis, de Notre-Dame-d'Ouenne, évêché d'Auxerre, marié en
1667, à Sébastienne Loignon.
2.—Joseph,   marié en 1707, à Claire Racine.
3.—Joseph,   "   1758, à Françoise Gobeil.
4.—François,   "   1794, à Victoire Labbé.
5.—Moïse,   "   1833, à Isabelle Filion.
6.—Moïse,   "   1868, à Marie Coulombe.
7.—Alfred,   "   1893, à Alvine Allaire.

Famille LEPAGE

Etablie à Saint-François, Ile d'Orléans, en 1667

1.—Louis, de Notre-Dame-d'Ouenne, évêché d'Auxerre, marié en
    1667, à Sébastienne Loignon.
2.—Joseph,   marié en 1707, à Claire Racine.
3.—Louis,   "   1743, à Elizabeth Morin.
4.—Joseph-Marie,   "   1789, à Marie-Louise Labbé.
5.—Joseph-Marie,   "   1816, à Françoise Racine.
6.—François,   "   1841, à Julie Jinchereau.
7.—François,   "   1878, à Olympe Tremblay.

Famille LEPINE

Etablie en 1664, à l'Ange-Gardien, comté de Montmorency

1.—Jacques, de Flamant, évêché de Rouen, en Normandie, marié
    en 1660, à Marie Paget.
2.—Charles,   marié en 1704, à Charlotte Gagnon.
3.—François,   "   1735, à Catherine Moisan.
4.—Jacques,   "   1765, à Angélique Garneau.
5.—Jacques,   "   1795, à Marie-Anne Trudel.
6.—François,   "   1830, à Jeanne Villeneuve.
7.—François-Xavier,   "   1863, à Vitaline Goulet.

Famille LESIEUR

Etablie à Yamachiche, comté de Saint-Maurice, en 1671

1.—Charles, notaire royal, marié en 1674, à Françoise Lafond.
2.—Joseph,   marié en 1720, à Madeleine Adouin.
3.—Jean-Baptiste,   "   1747, à François Rivard Bellefeuille.
4.—Joseph,   "   1773, à Madeleine Lesieur.
5.—Amable,   "   1821, à Josephte Gauthier.
6.—Olivier,   "   1875, à Rose de Lima Gagnon.
      { Napoléon,   "   1889, à Amanda Côté.
7.—{ Charles,   "   1897, à Corinne Proulx.
      { Avila,   "   1903, à Marie-Louise Bernier.

  A la septième génération, le patrimoine est séparé entre les trois
frères.

Famille LESIEUR-DESAULNIERS

Etablie à Yamachiche, comté de Saint-Maurice, en 1671

1.—Charles,   marié en 1674, à Françoise Lafond.
2.—Jean-Baptiste,   "   1706, à Elizabeth Rivard.
3.—Jean-Baptiste,   "   1737, à Marguerite Lamy.
4.—Charles,   "   1764, à Marie Carbonneau.
5.—Antoine,   "   1803, à Pelagie Lefebvre.
6.—François,   "   1827, à Marguerite Pothier.
7.—Antoine,   "   1871, à Flore Desaulniers.
8.—Joseph,   "   1904, à Alexina Milot.

Famille LETARTRE

Etablie à l'Ange-Gardien, comté de Montmorency, en 1678

1.—Charles, marié en 1678, à Marie Maheu.
2.—Augustin, " 1716, à Anne Riopel.
3.—Nicolas, " 1745, à Angélique Tardif.
4.—Augustin, " 1776, à Marie Hébert.
5.—Angustin, " 1808, à Marie Garneau.
6.—Augustin, " 1836, à Marcelline Laberge.
7.—Joseph, " 1868, à Sophie Fontaine.

Famille LETOURNEAU

Etablie à Saint-François, Ile d'Orléans, vers 1664

1.—David, de Muron, évêché de Xaintes, marié 1° en 1638, à Sébastienne Guéry ; 2° en 1653, à Jeanne Gobeil.
2.—David, marié en 1664, à Françoise Chapelain.
3.—Louis, " 1696, à Anne Blouin.
4.—Ignace, " 1744, à Marguerite Couture.
5.—Jean-Baptiste, " 1775, à Josephte Poulin.
6.—Jean-Baptiste, " 1799, à Cécile Dorval.
7.—Jean-Baptiste, " 1825, à Françoise Canac.
8.—J. Xavier, " 1857, à Philomène Baucher.
9.—Paul, " 1888, à Léonie Oanac-Marquis.

Famille LEVASSEUR dit LAVIGNE

Etablie à Saint-David, comté de Lévis, en 1669

1.—Jean, de Bois-Guillaume, de Rouen, marié en 1648, à Marguerite Richard.
2.—Laurent, marié en 1670, à Marie Marchand.
3.—Louis, " 1716, à Geneviève Huard.
4.—Louis, " 1746, à Marie-Anne Journeau.
5.—Joseph, " 1788, à Angélique Bisson.
6.—Joseph, " 1846, à Félicité Carrier.
7.—Joseph, " 1869, à Marie Aubert.

Famille LÉVEILLÉ

Etablie vers 1700, aux Ecureuils, comté de Portneuf

1.—Etienne, de Saint-Maclou, de Rouen, marié en 1671, à Isabelle Lequint.
2.—Pierre, marié en 1700, à Jeanne Girard.
3.—Jean, " 1738, à Catherine Gaudin.
4.—Alexandre, " 1° 1774, à Marie-Louise Belisle.
  2° 1780, à Marie-Angélique Richard
5.—Jean-L'Evangéliste, " 1811, à Marie-Angèle Germain.
6.—Alexandre, " 1841, à Catherine Denys.
7.—Narcisse, " 1885, à Philomène Bertrand.
8.—Narcisse,

Famille LEVESQUE

Etablie en 1682, à la Rivière-Ouelle, comté de Kamouraska

1.—Robert, de Saint-Sulpice, évêché de Rouen, marié en 1679, à Jeanne Chevalier.
2.—François-Robert, marié en 1714, à Charlotte Aubert.
3.—Dominique,　　　"　　　1746, à Dorothée Bérubé.
4.—Jean-François,　　"　　　1785, à Rosalie Pelletier.
5.—Charles,　　　　"　　　1844, à Catherine Lebel.
6.—Dominique.

Famille LIZOT

Etablie en 1688, à Sainte-Anne-de-la-Pocatière, comté de Kamouraska

1.—Guillaume, de Saint-Pierre la-Gravelle, évêché de Lizieux, marié en 1° 1670, à Anne Pelletier
　　　　　　2° 1696, à Marguerite Peuvrier.
2.—Noel,　marié en 1688, à Catherine Meneux dit Chateauneuf.
3.—Bernard,　　"　1740, à Geneviève Dupéré.
4.—Noel-Antoine, "　1772, à Charlotte Miville.
5.—Noel,　　　"　1794, à Françoise Bélanger.
6.—Antoine,　　"　1850, à Agnès Ouellet.
7.—Onésime,　　"　1885, à Virginie Grondin.

Famille LIZOT

Etablie en 1688, à Sainte-Anne-de-la-Pocatière, comté de Kamouraska

1.—Guillaume, de Saint-Pierre-la-Gravelle, évêché de Lizieux, marié en 1° 1670, à Anne Pelletier.
　　　　　　2° 1696, à Marguerite Peuvrier.
2.—Noel,　marié en 1688, à Catherine Meneux.
3.—Bernard,　　"　1740, à Geneviève Dupéré.
4.—Noel-Antoine, "　1772, à Charlotte Miville.
5.—Pierre,　　　"　1828, à Emérance Soussis.
6.—François,　　"　1864, à Marcelline Pelletier.
7.—François,　　"　1895, à Marguerite Levesque.

Famille LORIOT

Etablie à la Pointe-aux-Trembles, comté de Portneuf, en 1668.

1.—Jean,　　marié en 1670, à Agathe Merlin.
2.—Joseph,　　"　1° 1699, à Marie Jeanne Rognon.
　　　　　　　2° 1715, à Charlotte Delâge.
3.—Pierre-Joseph, "　1° 1727, à Marie-Jeanne Delâge.
　　　　　　　2° 1735, à M Gabriel-Jean Denys.
4.—Michel,　　"　1769, à Marguerite Germain.
5.—Michel,　　"　1710, à Euphrosie Mercure.
6.—Joseph,　　"　1869, à Mélina Gauvin.
7.—Michel,　　"　1901, à Marie Jobin.

Famille MARCHAND

Etablie à Champlain, en 1703

1.—Jacques, de Caën, en Normandie, marié en 1660, à Françoise Capel.
2.—Alexis,   marié en 1703, à Jeanne Testard.
3.—Ls-Joachim,   "   1740, à M.-Josephte Mercereau.
4.—Ls-Alexis,   "   1773, à M.-Josephte Trottier.
5.—François,   "   1802, à Marguerite Duclos.
6.—Pierre-Hector,   "   1840, à Henriette Brunelle.
7.—Casimir,   "   1869, à Jeanne Marchand.

Famille MARCHAND

Etablie à Champlain, comté de Champlain, vers 1660.

1.—Jacques,   marié en 1660, à Françoise Capel.
2.—Alexis,   " 1° 1697, à Catherine Rivard.
               2° 1703, à Jeanne Tétard.
3.—Louis,   " 1° 1740, à Josephte Mercereau.
               2° 1748, à Josephte Rivard.
               3° 1760, à Françoise Roy.
4.—Hyacinthe,   "   1795, à Anne Lucas de Dontigny.
5.—Alexis,   "   1836, à Henriette Belisle.
6.—Jacques,   "   1880, à Antoinette Lehouillier.

Famille MARCHAND

Etablie à Champlain, comté de Champlain, en 1707

1.—Jacques,   marié en 1660, à Françoise Capel.
2.—Alexis,   " 1° 1697, à Catherine Rivard.
               2° 1703, à Jeanne Tétard.
               3° 1760, à Françoise Roy.
3.—Hyacinthe,   "   1795, à Anne Dontigny.
4.—François,   " 1° 1880, à Cécile Belisle.
               2° 1833, à Marie Carignan.
5.—Ephrem,   "   1867, à Délina Marchand.

Famille MARCOUX

Etablie à Beauport, comté de Québec, en 1662

1.—Pierre, de Saint-Julien, de Tonnerre, en Champagne, marié en 1662, à Marthe de Rainville.
2.—André,   marié en 1° 1712, à Jeanne-Marie Parent.
                 2° 1715, à Marie-Madeleine Lenormand.
                 3° 1721, à Angélique Amelote.
3.—André,   "   1748, à Marie-Louise Vallée.
4.—André,   "   1775, à Marie-Louise Bélanger.
5.—Pierre,   "   1810, à Marie-Jeanne Marcoux.
6.—Louis-Philippe, "   1839, à Marie-Josephte Marcoux.
7.—André,   "   1875, à Pétronille Grenier.
8.—Philippe,   "   1898, à Marie-Louise Giroux.

Famille MARCOUX

Etablie à Beauport, comté de Québec, vers 1662

1.—Pierre, de Tonnerre, en Champagne, marié en 1662, à Marthe de Rainville.
2.—Noel,   marié en 1710, à Jeanne Beaugis.
3.—Jacques-Joseph,   "   1750, à Marie-Louise Bruneau.
4.—Charles,   "   1805, à Angélique Poirier
5 —Charles,   "   1838, à Marie Madeleine Laberge.
6 —François,   "   1866, à Marie-Delphine Parent.
7.—Charles-Victorien, "   1888, à Odélie Robert.

Famille MAROIS

Etablie à Saint-Augustin, comté de Portneuf, vers 1708

1.—Guillaume, de Saint-Paul de Paris, marié en 1684, à Catherine Laberge.
2.—Prisque, marié en 1725, à Marie-Ang. Garnaud.
3.—Joseph,   "   1764, à Marie-Anne Tobin
4.—Joseph,   "   1793, à Barbe Julien
5 —Jean,   "   1842, à Anastasie Tardif.
6.—Joseph,   "   1886, à Marie Jobin.

Famille MARQUIS

Etablie à Sainte-Famille, Ile d'Orléans, en 1688

1.—Marc-Antoine Canac dit Marquis, de la ville de Castres, marié en 1680, à Jeanne Nourice
2 —Marc Antoine, marié en 1725, à Catherine Loignon.
3.—Charles,   "   1771, à Madeleine Fortier.
4 —Basile,   "   1808, à Victoire Beaucher.
5 —François,   "   1837, à Sophie Bilodeau.
6 —François Xavier, "   1881, à Lumina Bilodeau.
7.—Joseph.

Famille MASSICOTTE

Etablie en 1697, à Sainte-Geneviève-de-Batiscan, comté de Champlain

1.—Jacques, de Saint-Pierre-du-Gist, évêché de Xaintes, marié en 1696, à Catherine Baril.
2.—Jean,   marié en 1731, à Angélique Vallée
3 —François-Xavier, "   1770, à Amable Gouin.
4 —François,   "   1806, à Suzanne Massicotte.
5.— { Michel,   "   1832, à Adélaide Jacob.
     { Joseph,   "   1870, à Florence Massicotte.
6 —Hubert (fils de Michel), 1878, à Alvina Massicotte.

Famille MASSICOTTE

Etablie en 1697, à Sainte-Geneviève-de-Batiscan, comté de Champlain

1.—Jacques,　　　marié en 1696, à Catherine Baril.
2.—Jean,　　　　"　　1731, à Angélique Vallée.
3.—François-Xavier,　"　　1770, à Amable Gouin.
4.—François,　　　"　　1806, à Suzanne Massicotte.
5.—François,　　　"　　1829, à Marie Trottier.
6.—Pierre,　　　　"　　1861, à Thersile Massicotte.
7.—Exime,　　　　"　　1844, à Cléophée Massicotte.
8.—Ernest,　　　　"　　1895, à Arline Lacoursière.

Famille MASSICOTTE

Etablie en 1696, à Sainte-Geneviève-de-Batiscan, comté de Champlain

1.—Jacques, de Saint-Pierre-du-Gist, évêché de Xaintes, marié en
　　1696, à Catherine Baril.
2.—Jean,　marié en 1725, à Marie-Louise Trottier.
3.—Frs-Xavier,　"　1770, à M.-Amable Gouin.
4.—Abraham,　"　1818, à Angèle Fugère.
5.—Eugène,　"　1869, à Olivine Cloutier.

Famille MATHIEU

Etablie en 1669, à l'Ange-Gardien, comté de Montmorency

1.—Jean, de Colange, évêché d'Angoulême, marié en 1669, à Anne
　　Du Tertre.
2.—Réné, marié en 1699, à Geneviève Roussin.
3.—Pierre,　"　1744, à Marguerite Jacob.
4.—Joseph,　"　1778, à Angélique Letartre.
5.—Pierre,　"　1804, à Josephte Garneau.
6.—Joseph,　"　1842, à Sophie Julien.
7.—Joseph,　"　1868, à Marie Mathieu.

Famille MATTE

Etablie à la Pointe-aux-Trembles, comté de Portneuf, en 1702

1.—Nicolas, de Saint-Cyr, évêché de Rouen, marié en 1671, à Ma-
　　deleine Auvray.
2.—Nicolas,　　marié en 1705, à Marie-Angélique Cocquin,
3.—Augustin,　"　1° 1744, à Madeleine Prou.
　　　　　　　　　2° 1762, à Thérèse Trepagny.
4.—Augustin,　"　1° 1772, à Marie-Scholastique Vézina.
　　　　　　　　　2° 1801, à Judith Bertrand.
5.—Paul,　　　"　1808, à Madeleine Faucher.
6.—Paul,　　　"　1844, à Marie-Archange Létourneau.
7.—Augustin,　"　　à Elise Gosselin.

Famille MATTE

Etablie à Cap-Santé, comté de Portneuf, vers 1710

1.—Nicolas, de Saint-Cyr, évêché de Rouen, marié en 1671, à Madeleine Auvray.
2.—Laurent,   marié en   1685, à Françoise Sylvestre.
3.—Laurent,   "   1° 1729, à Elizabeth Richard.
                   "   2° 1751, à Catherine Brière.
4.—Laurent,   "   1759, à Claire Pagé.
5.—Laurent,   "   1805, à A.-Liénard Mondor.
6.—François-Xavier-Firmin, "   1836, à Eulalie Doré.
7.—Télesphore,   "   1872, à Philomène Leduc.
8.—Arthur,   "   1904, à Albertine Jacques.

Famille MATTE

Etablie à la Pointe-aux-Trembles, comté de Portneuf, en 1702

1.—Nicolas, de Saint-Cyr, évêché de Rouen, marié en 1671, à L.-Madeleine Auvray.
2.—Nicolas,   marié en 1705, à Marie-Angélique Cocquin.
3.—Nicolas,   "   1739, à Marie Godin.
4.—Nicolas,   "   1771, à Marie-Geneviève Faucher.
5.—Nicolas,   "   1799, à Angélique Mercure.
6.—Nicolas,   "   1833, à Nathalie Létourneau.
7.—Joseph,   "   1° 1860, à Virginie Delisle.
                    2° 1877, à Phébée Langlois.
                    3° 1887, à Philomène Delisle.

Famille MAYRAND

Etablie à Deschambault, comté de Portneuf, vers 1700

1.—Louis, marié en 1688, à Marie Sauvageau.
2.—Louis-Joseph et Marie-Anne, célibataires.
3.—Louis-Marie (neveu), marié en 1700, à Agathe Arcand.
4.—Louis,   "   1° 1800, à Marie-Anne Touzin.
                    2° 1819, à Marguerite Trottier.
5.—Onésime,   "   1851, à Domithilde Hamelin.
6.—Sinaï.

Famille MERCIER

Etablie en 1651, à Sainte-Anne-de-Beaupré, comté de Montmorency

1.—Julien, de Tourouvre, au Perche, marié en 1654, à Marie Poulin
2.—Pierre, marié en 1717, à Marie Chamberland.
3.—Pierre,   "   1° 1745, à Anne Simard.
             2° 1757, à Scholastique Guimont.
4.—Michel, "   1778, à Geneviève Séverin.
5.—François, "   1815, à Françoise Giguère.
6.—Adélaïde.

Famille MERCIER

Etablie à Berthier, comté de Montmagny, vers 1700

1.—Julien, de Tourouvre, au Perche, marié en 1654, à Marie Poulin.
2.—Paschal, marié en 1681, à Anne Cloutier.
3.—Paschal,　　"　　1704, à Madeleine Boucher.
4.—Joseph,　　"　　1729, à Elizabeth Carrier Lebrun.
5.—Paschal,　　"　　1766, à Thècle Fortin.
6.—Paschal,　　"　　1809, à Marie-Reine Morin.
7.—Paschal,　　"　　1848, à Louisa Bilodeau.
8.—Louis,　　"　　1882, à Emilie Hoffman.

Famille MEUNIER-BLOUIN

Etablie à Sainte-Anne, comté de Montmorency, en 1679

1.—Mathurin, de Clermont, évêché de Laflèche, marié en 1647, à
　　Françoise Fafard.
2.—François,　　marié en 1692, à Angélique Jacob.
3.—Hélène,　　"　　1735, à Augustin Blouin.
4.—Joseph-Marie,　"　　1771, à Geneviève Gravel.
5.—Joseph-Marie,　"　　1800, à Angélique Letartre.
6.—Etienne,　　"　　1833, à Julie Cauchon.
7.—Etienne,　　" 1° 1862, à Christine Giguère.
　　　　　　2° 1880, à Célina Verreau.

Famille MONTAMBAULT dit LEVEILLÉ

Etablie à Deschambault, comté de Portneuf, en 1717

1.—Michel, de Saint-Maclou, de Rouen, marié en 1666, à Marie
　　Mesnié.
2.—Jacques,　　marié en 1709, à Marguerite Marcot.
3.—Francois,　　" 1° 1739, à Marie-Anne Perrot.
　　　　　　2° 1742, à Marguerite Morand.
4.—Jean-Baptiste,　"　　1767, à Madeleine Naud.
5.—Louis,　　"　　1848, à Luce Royer.
6.—Noé,　　"　　1885, à Hélène Dufresne.

Famille MOREAU

Etablie à Sainte-Foy, comté de Québec, vers 1666

1.—Mathurin, marié en 1667, à Marie Girard.
2.—Michel,　　" 1°　　à Madeleine Belleau.
　　　　　　2° 1712, à Madeleine DeLarue.
3.—Michel,　　"　　1726, à Angélique Hamel.
4.—François,　　"　　1752, à Louise Constantin.
5.—Charles,　　"　　1786, à Josephte Prévost.
6.—Charles,　　"　　1819, à Charlotte Dufresne.
7.—Charles,　　"　　1844, à Angélique Gosselin.
8.—Olivier,　　"　　à Emma Marchildon.
9.—Charles.

Famille MORIN

Etablie à Saint-François, comté de Montmagny, en 1701

1.—Michel,   marié en 1701, a Marie
2.—Jean-François, "   1735, à Marie-Eliz. Bélanger.
3.—Jean-François, "   1783, à Marie-Louise Chartier.
4.—Honoré,   "   1824, à Desanges Fournier.
5.—Auguste,   "   1867, à Angélina Mercier.

Famille NAUD

Etablie en 1690, à Deschambault, comté de Portneuf

1.—François, de Saint-Aubin de Fécamps, évêché d'Angers, marié
    1° en 1676, à Marguerite Jobidon.
    2° en 1688, à Marguerite Thècle Chaillé.
2.—François, marié en 1707, à Ursule Marcotte.
3.—Joseph,   "   1771, à M. Josephte Gariépy.
4.—Joseph,   "   1815, à Marie Anne Groslot.
5.—Alexandre, "   1847, à Marguerite-Flore St Amand.
6.—George,   "   1889, à Marie Paquin.

Famille ROBERT dit BIGUET

Etablie à Sainte-Anne de-la Pérade, comté de Champlain, en 1700

1.—Etienne, de Saint Etienne de Pont, évêché d'Avranches, marié
    en 1691, à Dorothée Dubois.
2.—Etienne,   marié en 1719, à Marie-Angélique Guillet.
3.—Jean-Baptiste, "   1755, à Thérèse Rivard dit Lanouette.
4.—François,   "   1800, à Marie Anne Granbois.
5.—Athanase,   "   1847, à Anastasie Tessier.
6.—Séraphin,   "   1854, à Clémentine Garceau.
7.— { Edgard,   célibataire.
    { Arthur,   "   1887, à Alice Garneau.

Famille OUELLET

Etablie à la Rivière Ouelle, comté de Kamouraska, vers 1680

1.—Réné, de Saint Jacques du Hautpas, de Paris, marié en 1666, à
    Anne Rivet.
2.—Grégoire,   marié en 1717, à Madeleine Dubé.
3.—Grégoire.   "   1740, à Geneviève Bérubé.
4.—François,   "   1770, à Angélique Boucher.
5.—François,   "   1811, à Angélique Gagnon,
6.—François,   "   1842, à Lucie Bélanger.
7.—Jean-Baptiste "   1885, à Joséphine Miville dit Deschènes.

Famille PAGÉ

Etablie aux Ecureuils, comté de Portneuf, vers 1708

1.— Raymond, de Quercy, marié en 1640, à Madeleine Bergeronne.
2.—Robert,   "   1668, à Marguerite Gaudin.
3.—Guillaume,   "   1692, à Isabelle Tellier.
4.—Joseph,   "   1725, à Marie Morisset.
5.— { Jean-Baptiste,   "   1753, à M.-Françoise Lesage.
     { Jean-Louis,   "   1752, à Françoise Matte.
6.—Joseph (fils de Louis),   "   1786, à Marie Matte.
7.—François,   "   1857, à Madeleine Dussault.
8.—Gaudiose,   "   1889, à M.-Léa Germain.

Famille PAGEOT

Etablie à Charlesbourg, comté de Québec, en 1675

1.—Thomas, de Saint-Agnan, évêché du Mans, marié en 1675, à Cathe-
      rine Roy.
2.—Joseph,   marié en 1716, à Madeleine Boiesmé.
3.—Jean-Ignace,   "   1750, à François Toupin.
4.—Charles-Joseph,   "   1781, à Marie Allard.
5.—Charles,   "   1822, à Marie Cyr.
6.—Charles,   "   1851, à Esther Paquet.
7.—Jean,   "   1886, à Evangéline Berthiaume.

Famille PAQUET

Etablie à Saint-Ambroise, comté de Québec, vers 1700

1.—Etienne, du Bourg-Disset, évêché de Poitiers, marié en 1668, à
      Henriette Rousseau.
2.—Philippe,   marié en 1699, à Jeanne Brousseau.
3.—François,   "   1745, à Charlotte Valin.
4.—Pierre,   "   1793, à Joseph Chartré.
5.—François,   "   1806, à Louise Maufet.
6.—Jean-Baptiste,   "   1842, à Thérèse Duchesneau.
7.—Pierre,   "   1886, à Marie Trudelle.

Famille PAQUIN

Etablie à Deschambault, comté de Portneuf, en 1707

1.—Nicolas, de la Potherie, Rouen, marié en 1676, à Marie Plante.
2.—Nicolas, marié en 1° 1707, à Marie-Anne Perrot-Lagorge.
                       2° 1721, à Thérèse Grosleau.
3.—Nicolas,   "   1745, à Marie-Joseph Arcan.
4.—Nicolas,   "   1773, à Françoise Gauthier.
5.—Nicolas,   "   1801, à Josephte Marcotte.
6.—Joseph,   "   1835, à Julie Perrault.
7.—Zothique,   "   1873, à Philomène Montambault.
8.—Samuel,   "   1905, à Julia Durand.

Famille PAQUIN

Etablie à Portneuf, comté de Portneuf, en 1709

1.—Nicolas,   marié en 1° 1707, à Marie-Anne Perrot-Lagorge.
                 2° 1721, à Thérèse Grosleau.
2.—Joseph,   "   1° 1734, à Marie Marcotte.
                 2° 1750, a Marie-Angélique Gauthier.
3.—Augustin,   "   1777, à Marie-Pélagie L'Ecuyer.
4.—Charles,   "   1815, a Marie-Hélène Gignac
5.—Joseph Onésime, "   1854, à Philomène Delisle.
6.—Gustave,   "   1887, à Aurélie Germain.

Famille PAQUIN

Etablie à Portneuf, comté de Portneuf, vers 1709

1.—Joseph, marié 1° en 1734, à Marie Marcotte ; 2° en 1750, à M.-
        Ang. Gauthier.
2.—Augustin, marié en 1777, à M.-Pélagie L'Ecuyer.
3.—Paul,   "   1821, a M.-Anne Petit
4.—Joseph,   "   1853, à Adèle Gignac.
5.—Olivier.

Famille PARADIS

Etablie à Charlesbourg, comté de Québec, vers 1679

1.—Pierre,   marié en 1641, à Barbe Guzon.
2.—Jean,   "   1679, à Jeanne Paquet.
3.—Jean,   "   1718, à François Tessier.
4.—Jean-Baptiste,   "   1741, à Marguerite Jobin.
5.—Henri,   "   1787, a Thérèse Bédard
6.—Jacques,   "   1823, à Angélique Bédard.
7.—François Xavier, "   1865, à Aurélie Proteau.
8.—Alphonse,   "   1894, a Eva Drouin.

Famille PARADIS

Etablie à Charlesbourg, comté de Québec, vers 1679

1.—Pierre,   marié en 1641, à Barbe Guzon.
2.—Jean,   "   1679, à Jeanne Paquet.
3.—Jean,   "   1718, à François Tessier.
4.—Jean Baptiste,   "   1741, à Marie Julien
5.—Gabriel,   "   1783, à Marie Savard.
6.—Charles,   "   1842, à Thérèse Pepin.
7.—Charles,   "   1866, à Malvina Parent.
8.—Ulric,   "   1901, à Ernestine Lamontagne.

Famille PARÉ

Etablie en 1657, à Sainte-Anne-de-Beaupré, Montmorency

1.—Robert, de Saint-Laurent, de Solesmes, marié en 1653, à Françoise LeHoux.
2.—Jean,   marié en 1° 1682, à Jeanne Racine.
                       2° 1709, à Catherine Lainé.
3.—Prisque,   "   1715, à Marguerite Mesny.
4.—Joseph,   "   1651, à Judith Simard.
5.—Louis,   "   1° 1790, à Catherine Drouin.
                       2° 1796, à Marie Bilodeau.
6.—Joseph,   "   1813, à Louise Paré.
7.—Joseph,   "   1° 1826, à Martine Simard.
                       2° 1841, à Olive Boucher.
                       3° 1857, à Obéline Michel.
8.—Etienne,   "   1877, à Sophie Giguère.

Famille PARE

Etablie à Sainte-Anne-de-Beaupré, Montmorency, en 1696

1.—Robert, de Saint-Laurent, de Solesmes, marié en 1653, à François Le Houx.
2.—Joseph,   marié en   1685, à Madeleine Berthelot.
3.—Joseph,   "   1723, à Ursule Lessard.
4.—Joseph,   "   1° 1756, à Madeleine Marois,
                       2° 1763, à Thérèse Guimont.
5.—Etienne,   "   1789, à Louise Caron.
6.—Louis,   "   1825, à Angélique Lessard.
7.—Louis,   "   1869, à Emilie Cloutier.

Famille PARÉ

Etablie en 1655, à Sainte-Anne-de-Beaupré, Montmorency

1.—Robert,   marié en 1653, à Françoise Le Houx.
2.—François,   "   1704, à Claire Lacroix.
3.—Pierre,   "   1744, à Marie Racine.
4.—Pierre,   "   1778, à Louise Simard.
5.—Pierre,   "   1807, à Geneviève Racine.
6.—Jean-Baptiste, "   1834, à Elizabeth Cloutier.
7.—Napoléon,   "   1869, à Eléonore Blouin.

Famille PAUL-HUS

Etablie à Sorel, comté de Richelieu, en 1685

1.—Pierre.
2.—Joseph.
3.—Edouard.
4.—Edouard.
5.—Joseph-Edouard.
6.—Pierre-Paul.

Famille PELLETIER

Etablie à Saint-Roch-des-Aulnaies, comté de l'Islet, en 1681

1.—Guillaume, marié en 1630, à Michelle Morille.
2.—Jean,   " 1649, à Anne Langlois.
3.—Charles,   " 1° 1697, à Thérèse Ouellet.
         2° 1711, à Barbe Saint-Pierre.
4.—Joseph,   " 1728, à Ursule Saint-Pierre.
5.—Jean-François, " 1757, à Marguerite-Ursule Caron.
6.—Pierre-Hippolyte, " 1802, à M.-Josephte Dionne.
7.—Jean Pierre, " 1830, à Adeline Mercier.
8.—Joseph-Alphonse, " 1862, à Arthémise Roy.

Famille PELLETIER

Etablie à Sainte-Anne-de-la-Pocatière, Kamouraska, en 1686.

1.—Guillaume, marié en 1630, à Michelle Morille.
2.—Jean,   " 1649, à Anne Langlois.
3.—Jean,   " 1689, à M.-Anne Saint-Laurent.
4.—Michel, " 1768, à Françoise Aucouturier.
5.—Hippolyte, " 1802, à Victoire Pelletier.
6.—Paul-Xavier, " 1837, à Martine Martin.
7.—Achille, " 1859, à Héloïse Hudon.
8.—Ludger, " 1902, à Alice Lévesque.

Famille PEPIN

Etablie à Charlesbourg, comté de Québec, vers 1680

1.—Robert, de Grisy, évêché de Séez, marié en 1670, à Marie Crête.
2.—Jean,   marié en 1695, à Marguerite Moreau.
3.—Louis-Joseph, " 1736, à Marguerite Bergevin.
4.—Thomas, " 1769, à Marguerite Thibault.
5.—Charles, " 1799, à Madeleine Lefebvre.
6.—Jacques, " 1824, à Elizabeth Pélisson.
7.—Jacques, " 1856, à Rosalie Déry.
8.—Joseph-Félix, " 1879, à Emilie Renaud.

Famille PEPIN

Etablie à Charlesbourg, comté de Québec, vers 1700

1.—Robert, de Grisy, évêché de Séez, marié en 1670, à Marie Crête.
2.—Jean, marié en 1699, à Marguerite Moreau.
3.—Pierre, " 1738, à Madeleine Bédard.
4.—Charles, " 1779, à Marguerite Caron.
5.—Jean, " 1824, à Thérèse Paradis.
6.—Joseph, " 1850, à Eloïse Julien.
7.—Philéas, " 1887, à Virginie Jacques.

Famille PERUSSE

Etablie à Lotbinière, comté de Lotbinière, en 1700

1.—Jean,   marié en 1703, à Jeanne Barabé.
2.—Louis,   "   1734, à Marie-Louise Fréchette.
3.—Louis,   "   1787, à Thérèse Tousignant.
4.—Louis,   "   1792, à Anne William.
5.—Ambroise, "   1839, à Marguerite Lauzé.
6.—Geoffroy,

Famille PERUSSE

Etablie à Saint-Louis, de Lotbinière, vers 1700

1.—Jean,   marié en 1703, à M.-Jeanne Barabé.
2.—Louis,   "   1739, à Louise Fréchette.
3.—Louis,   "   1787, à Thérèse Tousignant.
4.—Louis,   "   1792, à Anne Larose.
5.—Frs-Xavier, "   1833, à Marguerite Gagné.
6.—Edouard,   "   1870, à Emilie Morissette.

Famille PICARD

Etablie à Saint-François, comté de Montmorency, vers 1705

1.—Philippe Destroismaisons dit Picard, de Notre-Dame de Montreuil, diocèse d'Amiens, Picardie, marié en 1669, à Marie Crosnier.
2.—François,   marié en 1700, à Marie-Françoise Dagneau.
3.—Augustin,   "   1748, à Marie-Françoise Langlois.
4.—François (neveu), " 1756, à Marie-Françoise Terrien.
5.—Jean-François, " 1800, à Louise Bélanger.
6.—Jean-François, " 1835, à Josephte Gendron.
7.—Nazaire,   " 1860, à Reine Morin.
8.—Honoré,   " 1890, à Léontine Gourde.

Famille PICHÉ

Etablie à Cap-Santé, comté de Portneuf, vers 1700

1.—Adrien,   marié en 1694, à Elizabeth Leveillé.
2.—Adrien,   "   1729, à Elizabeth Germain.
3.—Alexis,   "   1775, à Marie-Anne Jugnac.
4.—François,   "   1810, à Françoise Fiset.
5.—Liboire,   "   1849, à Esther Doré.
6.—François,   "   1881, à Joséphine Leveillé.

8

Famille PICHÉ

Etablie à Cap-Santé, comté de Portneuf, vers 1700

1.—Adrien, marié en 1694, à Elizabeth Leveillé.
2.—Adrien,   "   1729, à Elizabeth Germain.
3.—Adrien,   "   1752, à M.-Josephte Morissette.
4.—Jean,   "   1767, à Josephte Hardy.
5.—Camelin,   "   à Anne Bédard.
6.—Olivier,   "   à Lucie Gingras.
7.—Oscar.

Famille PICHÉ

Etablie à Cap-Santé, comté de Portneuf, vers 1700

1.—Adrien, marié en 1694, à Elizabeth Leveillé.
2.—Adrien,   "   1729, à Elizabeth Germain.
3.—Adrien,   "   1753, à Madeleine Matte.
4.—Nicolas,   "   1803, à Françoise Chaillé.
5.—Thimothé,   "   1847, à Esther Hardy.
6.—Isaie,   "   1887, à Exilda Dérome.

Famille PICHETTE

Etablie à Saint-Pierre, Ile d'Orléans, en 1685

1.—Jean,   marié en 1666, à Marie-Madeleine Leblanc.
2.—Louis,   "   1710, à Marie-Anne Côté.
3.—Louis,   "   1737, à Thérèse Godbout.
4.—Paul,   "   1765, à Charlotte Couture.
5.—Louis,   "   1793, à Angélique Paradis.
6.—Louis,   "   1823, à Madeleine Chabot.
7.—François,   "   1855. à Apolline Ferland.
8.—Louis-François,   "   1888, à Marie Leclerc.

Famille PLAMONDON

Etablie à l'Ancienne-Lorette, comté de Québec, en 1709

1.—Philippe, marié en 1680, à Marguerite Clément.
2.—Pierre,   "   1709, à M.-Charlotte Hamel.
3.—Michel,   "   1749, à Catherine Robitaille.
4.—Jacques,   "   1780, à Marguerite Moisan.
5.—Charles,   "   1814, à Marie Beaumont.
6.—Honoré,   "   1857, à Thérèse Jobin.
7.—Edouard,   "   1909, à M.-Anna Tremblay.

Famille POULIOT

Etablie à Saint-Laurent, Ile d'Orléans, en 1667

1.—Charles, de Saint-Pierre de Valence, marié en 1667, à Françoise Meunier.
2.—Jean,   marié en 1722, à M.-Mad. Audet.
3.—François,   "   1735, à Marguerite Ruel.
4.—Pierre,   "   1801, à Thérèse Denis dit Lapierre.
5.—Ambroise,   "   1840, à Geneviève Plante.
6.—Pierre-Luc,   "   1871, à Joséphine Poulin.
7.—Samuel.

Famille PREMONT

Etablie à Sainte-Famille, Ile d'Orléans, en 1703

1.—Jean, de Lamberville, en Normandie, marié en 1663, à Marie Aubert.
2.—Jean,   marié en 1703, à Marie Gerbert.
3.—Jean-Baptiste, "   1731, à Geneviève Morisset.
4.—Jean-Baptiste, "   1756, à Angélique Baucher.
5.—Charles-Amable, "   1794, à Louise Guérard.
6.—Jean-Baptiste, "   1830, à Josephte Asselin.
7.—Bruno,   "   1860, à Marie Blouin.

Famille PREMONT

Etablie à Saint-François, Ile d'Orléans, en 1703

1.—Jean, de Lamberville, en Normandie, marié en 1663, à Marie Aubert.
2.—Jean,   marié en 1703, à Marie Gerbert.
3.—Jean-Baptiste, "   1731, à Geneviève Morisset.
4.—Jean-Baptiste, "   1756, à Angélique Baucher.
5.—Charles,   "   1794, à Louise Guérard.
6.—Magloire,   "   1846, à Marie Gagnon.
7.—Jean-Baptiste, "   1873, à Marie-Eléonore Asselin.

Famille PROTEAU

Etablie à Batiscan, comté de Champlain, en 1690

1.—Luc, de Nantes, marié en 1690, à Marie-Madeleine Germain.
2.—P.-Georges, "   1735, à Françoise Perrot.
3.—Pierre,   "   1777, à Marie-Josephte Rivard.
4.—Pierre,   "   1830, à Geneviève Perrot.
5.—Pierre,   "   1868, à Eulalie Gauthier.
6.—Jean-Baptiste, "   1880, à Victoria Brousseau.

Famille PROULX

Etablie à Saint-Thomas, comté de Montmagny, en 1673

1.—Jean, de Mantilly, évêché d'Angers, marié en 1673, à Jacquette Fournier.
2.—Thomas, marié en 1714, à Catherine Caron.
3.—François, " 1764, à Marie-Modeste Poirier.
4.—Jacques, " 1783, à Marie-Josephte Normand.
5.—François, " 1824, à Marie-Anne Têtu.
6.—Adolphe, " 1861, à G.-Célénie Nicole.
7.—Alexandre.

Famille PROULX

Etablie en 1673, à Saint-Thomas, de Montmagny

1.—Jean, de Mantilly, évêché d'Angers, marié en 1673, à Jacquette Fournier.
2.—Thomas, marié en 1714, à Catherine Caron.
3.—François, " 1764, à M.-Modeste Poirier.
4.—Jacques, " 1793, à Josephte Normand.
5.—Jacques, " 1826, à Marie Nicole.
6.—Jacques, " 1862, à M.-Angélique Paré.
7.—Joseph, " 1884, à Eléonore Béland.

Famille PROULX

Etablie en 1696, à Saint-Thomas, de Montmagny

1.—Jean, de Mantilly, évêché d'Angers, marié en 1673, à Jacquette Fournier.
2.—Denis, marié en 1699, à Anne Gagné.
3.—Augustin, " 1745, à Françoise Fortin.
4.—Augustin, " 1770, à Françoise Deneau.
5.—Pierre, " 1795, à Josephte Prou.
6.—Marcel, " 1825, à Luce Côté.
7.—Désiré, " 1° 1861, à Rose de Lima Picard.
　　　　　　　2° 1879, à Alexandrine Thibault.
8.—Joseph.

Famille RACINE-PARÉ

Etablie à Sainte-Anne-de-Beaupré, comté de Montmorency, en 1689

1.—Etienne, de Fumichon, en Normandie, marié en 1638, à Marguerite Martin.
2.—Noël, marié en 1667, à Marguerite Gravel.
3.—Etienne, " 1713, à Thérèse Lessard.
4.—Etienne, " 1749, à Geneviève Lacroix.
5.—Etienne, " 1° 1778, à Marguerite Pepin.
　　　　　　　2° 1791, à Thérèse Gagnon.
6.—Félicité, " 1809, à Augustin Paré.
7.—Augustin, fils, " 1833, à Sophie Simard.
8.—Augustin, " 1854, à Mazeline Michel.
9.—Augustin, " 1889, à M.-Exilda Simard.

Famille RACINE

Etablie à Sainte-Anne-de Beaupré, Montmorency, en 1689

1.—Etienne, de Fumichon, en Normandie, marié en 1637, à Marguerite Martin.
2.—Etienne, marié en   1683, à Catherine Guyon.
3.—Léon,   "   1722, à Marie Bouchard.
4.—Claude,   "   1756, à Marie Trépagny.
5.—Louis,   "   1° 1788, à Monique Giguère.
                      2° 1794, à Marie Cloutier.
6.—Louis,   "   1° 1816, à Angélique Baret.
                      2° 1841, à Marie Cloutier.
7.—Louis,   "   1844, à Madeleine Gravel.

Famille RAYMOND

Etablie en 1709, à Saint-Denys, de Kamouraska

1.—Romain, de Lagon, diocèse de Vasa, Gascogne, marié en 1727, à Thérèse St Pierre.
2.—Gabriel,   marié en 1714, à Josephte Dubé.
3.—Michel,   "   1787, à Catherine Roy.
4.—Jean-Gabriel,   "   1814, à Charlotte Landry.
5.—Pierre-Xavier,   "   1839, à Angélique Lavoie.
6.—Joseph,   "   1869, à Marie Garon.
7.—Jean-Baptiste,   "   1898, à Anna Saint Onge.

Famille RENAUD

Etablie à la Jeune Lorette, comté de Québec, en 1686

1.—Guillaume, de Saint Jovin de Rouen, marié en 1668, à Marie De la Marre.
2.—Pierre,   marié en 1706, à Thérèse Jeanne Déry
3.—Joseph,   "   1757, à Madeleine Martel.
4.—Joseph,   "   1779, à Catherine Darveau
5.—Joseph,   "   1808, à Louise Boivin.
6.—Norbert,   "   1853, à Marie L'Hérault.
7.—François,   "   1883, à Adélaide Savard.

Famille RICHARD

Etablie à Cap-Santé, comté de Portneuf, en 1700

1.—Pierre, de Saint Pierre du Gist, évêché de Xaintes, marié en 1670, à Marguerite Hévain.
2.—Pierre,   marié en 1700, à Marguerite Pagé.
3.—Joseph-Marie,   "   1744, à Marie Anne Motard.
4.—Gabriel,   "   1789, à Marie Anne Piché
5.—François-Xavier, "   1838, à Gertrude Richard.
6.—François-Xavier, "   1866, à Natalie Julien.
7.—Gustave,   "   1907, à Eva Lefebvre.

Famille RICHARD

Etablie à Portneuf, comté de Portneuf, en 1708

1.—Pierre, de Saint-Pierre du Gist, évêché de Xaintes, marié en
  1670 à Marguerite Hévain.
2.—Alexis,   marié en 1692, à Claudine Langlois.
3.—Joseph,   " 1° 1731, à Marie-Louise Marcotte.
            2° 1743, à Geneviève Chapelain.
4.—Augustin,   "   1760, à Marie-Madeleine Tremblay.
5.—Augustin,   "   1794, à Madeleine Pitre.
6.—Jean,   "   1830, à Apolline Matte.
7.—Napoléon,   "   1870, à Belzémire Valin.
8.—Joseph.

Famille RIOUX

Etablie à Trois-Pistoles, comté de Témiscouata, en 1696

1.—Jean, seigneur des Trois-Pistoles, de Ploujas, évêché de Tréguier,
  en Bretagne, marié en 1678, à Catherine Leblond.
2.—Nicolas,   "   1710, à Louise Asselin.
3.—Etienne,   "   1749, à Véronique Lepage.
4.—Jean-Baptiste, "   1777, à Madeleine Côté.
5.—Ignace,   "   1803, à Dudule Rioux.
6.—Joseph,   "   1847, à Mathilde Leblond.
7.—Benjamin,   "   1887, à Odile Beaulieu.
8.—Elisée,   "   1904, à Marie Charcot.

Famille RIOUX

Etablie en 1696, à Trois-Pistoles, comté de Témiscouata

1.—Jean, de Ploujas, évêché de Tréguier, en Bretagne, seigneur des
  Trois-Pistoles, marié en 1678, à Catherine Leblond.
2.—Nicolas, marié en 1710, à Louise Asselin.
3.—Etienne,   "   1749, à Véronique Lepage.
4.—Etienne,   "   1772, à Marie-Rosalie Coté.
5.—Joseph,   "   1795, à Pélagie Asselin.
6.—Eloi,   "   1841, à Priscille Rioux.
7.—Joseph-Magloire.

Famille RIOUX

Etablie en 1702, à Trois-Pistoles, Témiscouata

1.—Jean, seigneur des Trois-Pistoles, marié en 1678, à Catherine
  Leblond.
2.—Vincent,   marié en 1731, à Catherine Côté.
3.—Jean-Baptiste, "   1764, à Marie-Reine Boucher.
4.—Jean-Baptiste, "   1792, à Suzanne Côté.
5.—Eloi,   "   1812, à Euphrosine Plourde.
6.—David,   "   1857, à Marie-Adèle Dionne.
7.—Philippe,   "   1903, à Eugénie Rioux.

Famille ROBILLARD

Etablie à Sainte-Anne-de-Bellevue, Montréal, vers 1700

1.—Claude,	marié en 1680,	à Marie Grandin.
2.—Nicolas,	" 1709,	a Françoise Cécire.
3.—Claude,	" 1735,	à Marie-Isabelle d'Aoust.
4.—Joseph,	" 1762,	à Marie-Reine Ranger.
5.—Michel,	" 1811,	à Félicité Sureau dit Blondin.
6.—Joseph Sévère,	" 1848,	à Adelaide Jamme dit Carrière.
7.—Parménie,	" 1888,	à Napoléon Robillard.

Famille ROBITAILLE

Etablie à l'Ancienne-Lorette, comté de Québec, en 1661

1.—Jean, d'Auche, évêché de Boulogne, marié en 1670, à Marguerite Buletez
2.—Jean, marié 1717, à Marguerite Meunier.
3.—Jean-Jos. "   1748, à Marie Anne Voyer.
4.—Jean-Joseph, "   1774, à Marie-Jeanne Alain.
5.—Pierre, "   1826, à Angélique Alain.
6.—Jean, "   1862, à Philomène Gauvin.
7.—Napoléon.

Famille ROBITAILLE

Etablie en 1669, à l'Ancienne-Lorette, comté de Québec

1.—Pierre, d'Auche, évêché de Boulogne, marié en 1675, à Marie Maufait.
2.—Joseph, marié en 1722, à Catherine Drolet.
3.—Pierre, " . 1765, à Marie Geneviève Valin.
4.—Jean, "   1° 1802, à Marie Quentin.
                2° 1816, à Louise Alain.
5.—Jean, "   1828, à Adelaide Delisle.
6 —Jean, "   1860, à Marie Desvarennes.
7.—Elzéar, "   1885, à S. J. Robitaille.

Famille ROULEAU

Etablie vers 1650, à Saint-Pierre, Ile d'Orléans

1.—Gabriel, de Tourouvre, en Perche, marié en 1652, à Mathurine Leroux.
2 —Gabriel, marié en 1657, à Jeanne Dufresne.
3 —Gabriel, "   1717, a Geneviève Petit-Clerc.
4 —Charles, "   1753, à Geneviève Gosselin.
5.—Antoine, "   1793, à Geneviève Godbout.
6.—Clément, "   1842, à Henriette Gosselin.
7.—Napoléon, "   , à Emma Lajeunesse.

Famille ROUSSEAU

Etablie en 1671, à Saint-Nicolas, comté de Lévis

1.—Jacques,   marié en 1677, à Marguerite Guillebout.
2.—Pené,   "   1723, à Marie-Ursule Fréchette.
3.—René,   "   1750, à Françoise Dupont.
4.—Louis-Antoine,   "   1808, à Euphrosine Lambert.
5.—Pierre,   "   1839, à Marcelline Gingras.
6.—Honoré,   "   1868, à Marie-Fréchette.
7.—Benjamin-Honoré, "   1801, à Wilhelmine Lemay.

Famille ROUSSEAU

Etablie à Saint-Nicolas, comté de Lévis, en 1671

1.—Jacques,   marié en 1677, à Marguerite Guillebout.
2.—René,   "   1723, à Marie-Ursule Fréchette.
3.—René,   "   1750, à Marie-Françoise Dupont.
4.—Louis-Antoine,   "   1808, à Euphrosine Lambert.
5.—Jules,   "   1843, à Nathalie Fréchette.
6 —Benjamin-Jules, "   1893, à Marie-Florilda Demers.

Famille ROUTIER

Etablie à Sainte-Foye, comté de Québec, en 1667

1.—Jean Routhier, de Saint-Rémi de Dieppe, marié en 1662, à
       Catherine Méliot.
2.—Jean-Baptiste, marié 1° à Madeleine Trud.
                   2° à Louise Moisan.
3.—Jean-Noël,   "   à Madeleine Samson,
4.—Joseph,
5.—Jean,   "   à Marie Belleau.
6.—Jean-Baptiste, Charles et Alfred, célibataires.

Famille SYLVAIN

Etablie en 1668, à Sainte-Anne-de-Beaupré, Montmorency

1.—Sylvain Veau, du bourg de Talency, évêché de Bourges, en
       Berry, marié en 1670, à Anne Gallet.
2.—Etienne,   "   1693, à Marguerite Gagnon.
3.—Pierre,   "   1722, à Catherine Racine.
4.—Etienne,   "   1751, à Josephte Simard.
5.—Pierre,   "   1777, à Marie-Anne Racine.
6.—Jean,   "   1806, à Elizabeth Boucher.
7.—Casimir,   "   1844, à Euphrosie Cochon.
8.—Casimir,   "   1890, à Odile Paré.

Famille THIBAULT

Etablie à l'Islet, comté de l'Islet, en 1705

1.—François-Louis, marié en 1670, à Elizabeth Lefebvre.
2.—Jean-François,   "   1705, à Angélique Proulx.
3.—Louis,   "   1746, à Marie-Ursule Cloutier.
4.—Noël,   "   1777, à Françoise Caron.
5.—Noël,   "   1807, à Claire Caron.
6.—Nazaire,   "   1872, à Marie Bernier.
7.—Charles-Amédée.

Famille THIBAULT

Etablie à Saint-Augustin, comté de Portneuf, en 1669

1.—Michel, de Rouen, marié en 1666, à Jeanne Sohier.
2.—Jean-Baptiste,   "   1699, à Marie-Françoise Amyot.
3.—Jean-Baptiste,   "   1° 1639, à Catherine Tinon Des Roches.
                          2° 1752, à Marie-Josephte Renaud.
4.—Augustin,   "   1773, à Catherine Vézina.
5.—Augustin,   "   1806, à Monique Delisle.
6.—Jean,   "   1840, à Marie Cantin.
7.— Hildevert,   "   1878, à Elzire Huot.
8.—Emile.

Famille THIBAULT

Etablie à Château-Richer, comté de Montmorency, en 1650

1.—Guillaume, de Rouen, marié en 1655, à M.-Madeleine Lefrançois.
2.—François,   "   1687, à Marie-A. Dupré.
3.—François,   "   1724, à Madeleine Poulin.
4.—Joseph,   "   1764, à Marguerite Cochon.
5.—Joseph,   "   1796, à Marie Terreau.
6.—Joseph,   "   1° 1884, à Obéline Déchènes.
                          2° 1862, à R. Dumont.
7.—Frs-Xavier-Castuble,   "   1869, à E. Gagnon.

Famille TREMBLAY

Etablie aux Eboulements, comté de Charlevoix, en 1704

1.—Pierre, de Randonnay, évêché de Chartres, au Perche, marié
      en 1657, à Ozanne Achon.
2.—Pierre, seigneur des Eboulements, marié en 1685, à Marie
      Roussin.
3.—Jean,   marié en 1709, à Catherine De la Voye.
4.—Nicolas,   "   1756, à Madeleine Fortier.
5.—N.-Salomon,   "   1789, à Marie Geneviève Bouchard.
6.—André-Marcel,   "   1805, à Julienne Lanthier.
7.—A.-Eugène,   "   1748, à Marie-Louise Loignon.
8.—Chs-Elie,   "   1901, à Isabelle Audet.

Famille TRUDEL

Etablie à Saint-Augustin, comté de Portneuf, vers 1708

1.—Jean,   marié en 1655, à Marguerite Thomas.
2.—Pierre,   "   1680, à Françoise Lefrançois.
3.—Nicolas,   "   1725, à Barbe Tardif.
4.—Nicolas,   "   1753, à Thérèse Meunier.
5.—François,   "   1794, à Louise Julien.
6.—François,   "   1830, à Thérèse Jobin.
7.—Ferdinand, "   1874, à Marie Plamondon.
8.—Eugène,   "   1899, à Virginie Côté.

Famille TURCOTTE

Etablie en 1688, à Saint-Jean, Ile d'Orléans

1.—Abel, de Moulleron, évêché de Maillezais, au Poitou, marié en
      1662, à Marie Giroux.
2.—François,   marié en 1688, à Marguerite Ouimet.
3.—Joseph,   "   1782, à Marie Audet.
4.—Michel, neveu, "   1786, à Geneviève Drouin.
5.—Jean-Baptiste,   "   1821, à Angélique Laîné dit Drouin.
6.— { Jean-Baptiste, célibataire.
      { Joseph, marié en 1868, à Aurélie Lachance.

Famille TURCOTTE

Etablie à Sainte-Famille, Ile d'Orléans, en 1680

1.—Abel, de Moulleron, évêché de Maillezais, au Poitou, marié
      en 1662, à Marie Giroux.
2.—François,   marié en 1638, à Marguerite Ouimet.
3.—François,   "   1714, à Geneviève Dorval.
4.—Pierre,   "   1749, à Marie Gendron.
5.—Marc,   "   1795, à Marie Girard.
6.—Marc,   "   1831, à Justine Canac.
7.—François-Xavier, "   1867, à Philomène Denys.
8.—François-Xavier, "   1891, à Arthemise Asselin.

Famille VACHON

Etablie à Beauport, comté de Québec, en 1674

1.—Paul, notaire royal, de Comp-Chamer, en Poitou, marié en 1653,
      à Marguerite Langlois.
2.—Vincent,   marié en 1685, à Louise Cadieu.
3.—Louis,   "   1691, à Louise Mailloux.
4.—Louis,   "   1738, à Elizabeth Campagna.
5.—Louis,   "   1770, à Marie Thibault.
6.—Jean-Baptiste,   "   1815, à Marie-Anne Parent.
7.—Edouard,   "   1865, à Marie-Louise Beaudoin.
8.—Edouard,   "   , à Emilie Beaudoin.
9.—Edouard.

Famille VALIN

Etablie à Saint-Augustin, comté de Portneuf, en 1708

1.—Nicolas de Saint-Sulpice, évêché d'Amiens, Picardie, marié en 1679, à Anne Trud.
2.—François, marié en 1729, à Geneviève Trudel.
3.—Ignace, " 1761, à Thérèse Drolet.
4.—Joseph, " 1809, à Brigitte Gadory.
5.—Isidore, " 1844, à Ursule Côté
6.—Edmond, " 1° 1886, a Léda Fiset.
      2° 1902, à Adéline Lebel dit Beaulieu.

Famille VALIN

Etablie à l'Ancienne-Lorette, comté de Québec, en 1669

1.—Nicolas, de Saint-Sulpice, évêché d'Amiens, Picardie, marié en 1679, à Anne Trud
2.—François, marié en 1729, à Geneviève Trudel.
3.—Charles, " 1771, à Geneviève Vézina.
4.—Ignace, " 1805, à Charlotte Gauvin.
5.—Elizabeth, " 1852, à Noel Dorion.

Famille VEZINA

Etablie à l'Ange-Gardien, comté de Montmorency, en 1666

1.—Jacques, marié en 1648, à Marie Bourdon.
2.—François, " 1670, à Jeanne Marié.
3.—Nicolas, " 1715, à Marguerite Jolivet.
4.—Charles, " 1746, à Barbe Huot.
5.—Jean, " 1778, à Christine Cantin
6.—Jean, " 1811, a Thécle Bourbeau.
7.—Louis, " 1846, à Justine Trudel.
8.—Jean, " 1881, à Georgiana Gariépy.

Famille VILLENEUVE

Etablie en 1684, à Charlesbourg, comté de Québec

1—Mathurin, de Sainte-Marie, Ile de Rhé, Larochelle, marié en 1669, à Marguerite Lemarché.
2—Charles, marié en 1703, à Marie-Renée Allard.
3.—Thomas-Charles, " 1738, à Marguerite Bédard
4.—Joseph-François, " 1763, à Elzire Jobin.
5.—François, " 1802, à Thérèse Jobin.
6.—Pierre, " 1838, à Louise Bidon.
7—Louis, " 1865, à Antoinette Rainville.

Famille VINET

Etablie à la Longue-Pointe, Montréal, en 1696

1.—Jean, de Perignac, Saint-Onge, évêché de Xaintes, marié en 1672, à Jeanne Etienne.
2.—Prudent,   marié en 1722, à Marie-Françoise Jeannot.
3.—François,   "   1755, à Elizabeth Trudeau.
4.—Antoine,   "   1791, à Marie-Louise Leduc.
5.—Joseph,   "   1834, à Catherine Lapointe.
6.—Gustave,   "   1884, à Arzélie Lafontaine.

Famille VOYER

Etablie à l'Ancienne-Lorette, comté de Québec, en 1660

1.—Jacques, de Saint-Laurent, du bourg d'Aubigny, évêché de Luçon, marié en 1683, à Jeanne Routier.
2.—François, marié en 1° 1720, à Agathe Hamel.
                     2° 1739, à Marie-Anne Gauvin.
                     3° 1745, à Madeleine Meunier.
3.—Joseph,   "   1 1750, à Marie-Josephte Moreau.
                     2° 1755, à Angélique Alain.
4.—Louis,   "   1° 1813, à Louise Gauvin.
                     2° 1826, à Catherine Alain.
5.—Joseph,   "   1853, à Marie Hamel.
6.—Joseph,   "   1886, à Odile Marois.

Honneur aux foyers deux fois centenaires !

Article publié dans la " Nouvelle-France ", juillet 1908

O<small>N</small> ne saurait trop louer les organisateurs de nos fêtes du IIIe Centenaire, qui ont songé à faire don d'un diplôme et d'une médaille, frappée pour la circonstance, aux vieilles familles de nos campagnes ayant prouvé qu'elles sont tenancières du même domaine depuis au moins deux cents ans [1]. L'idée peut être hardiment mise en comparaison avec ces patriotiques inspirations, qui nous ont valu le grandiose monument de Mgr Montmorency-Laval, et nous vaudront dans quelques jours l'arrivée du *Don de Dieu*, monté par Champlain et ses soixante-quinze vaillants matelots, ainsi que la résurrection de Frontenac, de Montcalm, de Lévis, de Vaudreuil

---

[1] La province de Québec est une Nouvelle-France de sang très pur et homogène : elle n'est nullement, comme les États-Unis, une agglomération de familles de toutes langues et de toute race. Les premiers colons venus du royaume de François I et de Henri IV s'emparèrent du sol et s'y implantèrent si bien, que le comité d'organisation des fêtes du IIIe Centenaire, ayant demandé les noms des familles qui s'étaient perpétuées sur la même terre, pendant au moins deux cents ans, avait déjà recueilli 215 noms le 15 mai, date clôturant la consultation. Depuis, il a encore reçu une cinquantaine de noms et en aurait reçu sans doute bien d'autres, s'il ne s'était déclaré dans l'im-

et de toute cette phalange de héros, soldats ou marins, qui ont écrit de leurs sueurs et souvent de leur sang la merveilleuse épopée que fut l'histoire de la Nouvelle-France pendant plus de cent cinquante ans. Oui, qu'il paraisse à côté de ces marquis, de ces comtes, de ces barons, l'humble habitant qui s'est contenté de vivre sur sa terre et d'y lutter contre les intempéries des saisons ou les obstacles du sol, pour le féconder et en arracher le pain quotidien d'une famille toujours nombreuse et forte. Lui aussi, il a été un artisan indispensable de la grandeur de la patrie ; lui aussi, il a bien mérité de son peuple.

Qu'importe que dans son arbre généalogique il ne puisse découvrir ni ducs, ni princes ! Qu'importe que des biens, légués par ses ancêtres, l'écu des gentilshommes d'armes soit absent ! En guise de blason, il montre cette maisonnette que des travailleurs inlassables bâtirent, il y a deux cents ans, dans la solitude d'une campagne, et qu'il a pieusement conservée sur le coin de sol et sous la parcelle

---

possibilité d'accorder des récompenses aux retardataires. On comprend que les tentatives d'angliciser un pareil milieu aient échoué. Les familles anglaises, écossaises ou d'autres, tombant dans des paroisses si foncièrement françaises, se trouvent mal à l'aise et finissent par émigrer vers l'ouest. On ne trouverait rien de semblable aux États-Unis. Là, la plupart des anciennes familles descendant des premiers puritains (Pilgrim fathers) ou bien se sont éteintes, faute d'enfants, ou ont abandonné une terre en révolte contre la mère-patrie. La Nouvelle-France mérite autrement bien son nom que la Nouvelle-Angleterre ne mérite le sien.

de firmament primitivement choisis, avec l'inté-
grité de son patrimoine matériel et moral ; il montre
ses instruments de travail, qui ont meurtri de
chères et courageuses mains d'aieux avant de fati-
guer les siennes. Rien ne vaut de semblables lettres
de noblesse ; rien ne distingue une famille comme
de telles armoiries. Que l'habitant, possesseur de
pareils titres, lève donc fièrement la tête ; qu'il
reçoive, comme un salaire, cent fois conquis, le
parchemin et la médaille qui le rangent parmi les
premiers de sa nation ! Qu'il les reçoive, et qu'il
leur donne la place d'honneur dans son foyer, vieux
de deux siècles !

O foyers centenaires ! Que de choses me dit votre
antiquité ! Que d'images elle éveille dans mon
esprit ! Nids vénérables qu'a remplis si souvent le
babil d'enfants jaseurs ; parterres exquis où, semblables à de sveltes églantiers, ont fleuri tant de
groupes de jeunes filles, dont la modestie relevait
la grâce et la beauté, champs fertiles où, tels des
chênes vigoureux, ont poussé des milliers de jeunes
hommes, capables d'affronter, sans plier, les plus
violents ouragans ; ruches débordantes de vie, d'où
se sont envolés de multiples essaims, qui ont peuplé
les alentours de générations nouvelles et vaillantes.
Oui, ô foyers centenaires, c'est en votre sein que la
patrie canadienne est née, c'est là qu'elle a grandi,
qu'elle s'est épanouie en une nation que les plus
grands peuples du Vieux-Monde viennent aujour-
d'hui saluer et honorer avec tout l'appareil de leur
puissance, dont ils ne sont pas loin d'envier la paix
et la prospérité. Mais qui dira à quel prix ces
merveilleux avantages ont été conquis? O foyers

centenaires, que de soucis vous avez abrités ! Que de larmes maternelles vous avez vu couler ! Que de sanglots vous avez entendus ! De quelle succession de deuils, de brisements, de tortures physiques et morales vous avez été les immobiles témoins ! C'est pourquoi vous m'apparaissez comme des sortes de reliques qui sanctifient notre sol ; c'est pourquoi, en franchissant votre seuil, je serais tenté de de me jeter à genoux et de baiser les planches de vos appartements, ainsi que je baiserais des ossements humains gardant l'empreinte du sang des martyrs.

Heureusement, on savait chez vous—les pères et les mères le savaient (et les enfants l'apprenaient d'eux) — que l'apprentissage de la douleur est la condition de toute grande œuvre, que le calvaire seul est fécond.

Foyers antiques, sanctuaires humains encadrant le grand sanctuaire de Dieu, et formant ces superbes paroisses rurales, orgueil de nos pontifes, soyez bénis ! Grâce à vous, depuis deux cents ans, la lumière de la vérité et la splendeur des vertus chrétiennes ont remplacé les ténèbres et la barbarie sur cette terre canadienne, devenue une seconde Terre Promise, une des portions les plus belles du Royaume de Jésus.

Vainement le Tentateur a fait miroiter aux yeux de vos habitants l'éclat du fauve métal ; vainement il l'a montré tantôt jaillissant sous la pioche et le pic de lointains rivages, tantôt regorgeant des usines et des ateliers d'au delà de la frontière : ils ont préféré vivre de leur modeste avoir à l'ombre du clocher qui avait sonné joyeusement pour leur

naissance et leur mariage. Ils ont voulu que le
même bronze sonore envoyât ses notes attristées
pour leur trépas, comme il les avait envoyées pour
celui de leurs parents et de leurs ancêtres. Ils ont
voulu dormir leur dernier sommeil près de leur
vieille église, sous le regard du Dieu-Hostie, qui
les avait si souvent réconfortés pendant leur terrestre existence. Noble et sainte fidélité! Elle
honore une famille plus que ne ferait une couronne
ducale!

Foyers centenaires, places fortes, où s'est réfu-
giée, après les irréparables désastres, l'âme endeuil-
lée de la vieille France, honneur à vous! Oui,
quand le drapeau fleurdelisé fut descendu des som-
mets de nos palais et des remparts de nos cités;
quand les hauts capitaines et les fiers seigneurs
eurent repassé la mer pour aller cacher sous les
ombrages de Versailles l'humiliation de leur dé-
faite, c'est chez vous que se présenta la pauvre
vaincue. Mais chez vous elle ne tarda pas à sécher
ses larmes, elle renaquit vite à l'espérance. En
voyant le culte inviolé que lui gardaient vos gars
vigoureux, l'énergie indomptable avec laquelle ils
s'apprêtaient à revendiquer ses droits, à préserver
de toute éclipse sa langue, ses traditions et sa foi;
en s'assurant chaque jour davantage que ni l'or des
mercenaires, ni les séductions des honneurs, ni les
efforts de l'incrédulité n'ébranleraient leur inalté-
rable attachement à l'idéal ancestral, la grande
Délaissée comprit qu'elle ne mourrait pas tout
entière sur la terre du Nouveau-Monde, que même
sous une couronne étrangère elle pouvait rêver
encore d'une auréole de reine catholique et fran-

çaise ! Elle ne fut pas déçue ; et quand, au bout d'un siècle d'attente résignée, de pauvreté, d'endurance, l'heure de la liberté sonna, c'est vous, vous toujours, ô vieux foyers canadiens, qui donnâtes à la Nouvelle-France ressuscitée ses hommes d'État, ses orateurs, ses savants, ses ministres, ses gouverneurs, comme vous aviez donné à l'Église ses pontifes et ses prêtres

Loin des vices inséparables des grandes agglomérations humaines, loin des tavernes des villes et des fumées de l'alcool meurtrier, vous êtes demeurés la réserve sacrée, à laquelle la patrie française a dû de ne pas mourir aux bords du Saint-Laurent, sur laquelle repose son indéfectible espoir d'une postérité qui lui créera, chaque année, une place plus large au libre soleil de l'Amérique. O foyers vénérables, voilà ce que prétend rappeler la médaille commémorative de vos deux cents ans d'existence. Peut-il exister médaille plus glorieuse, plus éloquente, et plus digne d'être enviée ?

Il fut jadis une croix, «joyau guerrier», que Napoléon aimait à laisser «pendre sur chaque front, pendant toute la guerre [1]», et qui avait le don de magnétiser les hommes. Pour la conquérir, pour en décorer leur uniforme, combien de soldats suivirent le prestigieux capitaine dans les plaines de la Lombardie, sur les glaciers de la Suisse, sur les montagnes de l'Espagne et jusque dans les neiges de la Russie ! En se voyant par cet insigne, tombé des mains de leur idole, rangés parmi la légion des braves, les rudes grenadiers pleuraient de joie, ils

---

[1] V. Hugo.

en oubliaient les trouées des balles et les morsures
d'une bise sibérienne.   Or, je te préfère à la croix
de Napoléon, ô médaille des anciennes familles
canadiennes ! La première témoignait d'une admirable bravoure, mais d'un résultat éphémère ; ce qui
avait été gagné par l'épée devait périr par l'épée, et
de vingt ans de guerre il ne devait rester sur le
front de la France mutilée qu'un long et stérile
sillon de gloire.   Ce que vous avez conquis, vous,
rudes habitants canadiens, sur la forêt vierge et la
terre inculte par la hache et le soc de la charrue,
s'est successivement maintenu et agrandi par la
hache et le soc ; ce que vous avez fondé par votre
austère sobriété, par votre féconde fidélité, par
votre incessant labeur, s'est conservé par la trans-
mission et l'exercice des mêmes vertus.   Ah ! puis-
siez-vous, foyers doublement centenaires que nous
célébrons en cette année mémorable, ne pas laisser
périr le germe d'aussi fécondes énergies !   Ainsi
vous vous perpétuerez, de longs siècles encore, sur
le territoire de la Nouvelle-France !   Ainsi vous
demeurerez la pépinière la plus fertile de notre
race, le fondement le plus solide de sa grandeur, le
boulevard le plus ferme de son indépendance, et
contre les tempêtes, dont l'horizon se charge parfois, son plus assuré refuge.

M. TAMISIER, S. J.

TABLE DES MATIÈRES

——

9 781246 736847